NOTICE

GÉOGRAPHIQUE, TOPOGRAPHIQUE ET STATISTIQUE

SUR

LE DAHOMEY

Par E. LAMBINET

Colonel, Commandant supérieur

(PREMIÈRE PARTIE)
et 2ᵉ partie

PARIS

LIBRAIRIE MILITAIRE DE L. BAUDOIN

IMPRIMEUR-ÉDITEUR

30, Rue et Passage Dauphine, 30

1893

NOTICE

GÉOGRAPHIQUE, TOPOGRAPHIQUE ET STATISTIQUE

SUR

LE DAHOMEY

Extrait de la **Revue maritime et coloniale**

(Octobre 1893.)

Paris. — Imprimerie L. BAUDOIN, 2, rue Christine.

NOTICE

GÉOGRAPHIQUE, TOPOGRAPHIQUE ET STATISTIQUE

SUR

LE DAHOMEY

Par E. LAMBINET

Colonel, Commandant supérieur

(PREMIÈRE PARTIE)

et 2e

PARIS

LIBRAIRIE MILITAIRE DE L. BAUDOIN

IMPRIMEUR-ÉDITEUR

30, Rue et Passage Dauphine, 30

1893

NOTICE

GÉOGRAPHIQUE, TOPOGRAPHIQUE ET STATISTIQUE

SUR

LE DAHOMEY

La présente notice a pour objet principal de faire connaître les données exactes recueillies sur nos possessions du Dahomey au fur et à mesure qu'elles seront acquises.

L'état d'avancement des travaux topographiques déjà exécutés, tant par les officiers de l'état-major que par ceux des différents postes, ne permet pas encore de faire la description complète de toutes nos possessions du Benin. Seul, le territoire annexé est entièrement levé ; des brigades topographiques l'ont parcouru dans tous les sens et la carte du 1/100,000 en a été dressée.

Mais si les autres parties du Dahomey n'ont pu être encore étudiées à fond, les levés exécutés par la colonne expéditionnaire de 1892, au cours de sa marche, les travaux de différentes missions, ainsi que les nombreuses reconnaissances faites par les postes, permettent d'établir les grandes lignes de la géographie générale du Dahomey et suffisent pour donner une idée assez exacte du caractère tout particulier que présente ce pays.

De ces considérations, il ressort donc bien nettement le plan adopté dans cette notice : tout d'abord sera exposée la synthèse de la breux siècles. Ces dépressions sont tantôt très étroites, et on les désigne alors sous le nom de lagunes, elles ont tantôt des dimensions considérables comme la Lama.

Peu de villages se rencontrent ; les cases couvertes en chaume se confondent avec les hautes herbes. Au-dessus de ce sol si grassement enrichi par un humus sans cesse augmenté, on respire un air lourd et pestilentiel ; le paludisme règne en maître et rend presque mortel le séjour de ce pays, dont la température est néanmoins supportable ; cependant, le baromètre accuse peu à peu une altitude plus considérable. Notre voyageur a laissé derrière lui le plateau d'Abomey ; il est enfin sorti de l'interminable forêt et là-bas, vers le nord, quelques hauteurs se dentèlent finement à l'horizon. Ces hauts plateaux, suite de ceux de Kong, constituent la ligne de faîte et de partage des eaux.

Et, après avoir insensiblement monté depuis la côte, notre voyageur va redescendre jusqu'à Say, sur le grand fleuve africain, le Niger.

Say, c'est le point de départ de nombreux itinéraires faits ou à faire, c'est l'objectif tout indiqué pour le courageux et le convaincu qui suit l'itinéraire dont les grands traits viennent d'être esquissés, dans un rêve, qui deviendra probablement une réalité demain.

Si, au nord du 9ᵉ degré de latitude, la route est large devant l'explorateur, elle se resserre singulièrement au-dessous de ce même degré.

Différentes conventions ne nous ont, en effet, laissé qu'un étroit corridor ayant vue sur la côte de Benin.

Le 1ᵉʳ février 1887, une commission de délimitation, composée de M. Bayol, lieutenant-gouverneur du Sénégal, et de M. Falkenthal, commissaire impérial allemand du Togo, a fixé comme ligne de séparation entre les possessions françaises et le territoire allemand le méridien passant par la pointe ouest de l'île Bayol. Cette île est située entre Agoué et Petit-Popo, dans la lagune d'Agoué, tout près du village d'Hillacongi.

Une deuxième commission, composée de M. le lieutenant de vaisseau Colson et de M. le commissaire impérial allemand Puttkamer, a déterminé, en février et mars 1893, la trace de ce méridien frontière jusqu'à Togodo. Il résulte des observations faites que le cours du Mono, jusqu'au parallèle 6°55′ de latitude nord, nous appartient en entier à l'exception de deux boucles de faible étendue qui sont sur le territoire allemand. Le haut Mono n'a pas encore été levé, mais son cours est certainement situé au delà du méridien frontière.

A l'est, la frontière franco-anglaise a été déterminée par la convention du 10 août 1889 et la commission de délimitation de mai et juin 1890.

La ligne de séparation suit, à partir de la côte, le méridien 0°25′25″ de longitude est jusqu'à l'embouchure de la rivière d'Adiara ; c'est ensuite cette rivière qui sert de limite jusqu'à la boucle la plus orientale de son cours, c'est-à-dire jusqu'au parallèle 6°38′15″ de latitude nord, endroit où est placé un poteau de délimitation ; la frontière suit ensuite le méridien 0°26′34″ de longitude est.

Nos possessions du Benin s'étendent donc de l'ouest à l'est sur une longueur, en ligne droite, de 125 kilomètres, et, par suite de l'orientation générale sud-ouest-nord-est de la côte, le développement de celle-ci est d'environ 160 kilomètres.

Ces possessions sont limitées au sud par l'Océan ; quant aux limites nord, il n'y en a pas à proprement parler ; le protocole signé à Berlin le 24 décembre 1885, spécifie que le méridien frontière dont nous avons parlé plus haut pourra être prolongé jusqu'au neuvième parallèle ; au delà le pays appartient au premier arrivant.

Le haut pays, plateau de séparation des eaux du Niger et des eaux du Dahomey, est sillonné par les collines du pays des Mahis ; du nord au sud on trouve ensuite une série de terrasses dont le niveau va en s'abaissant graduellement au fur et à mesure qu'on se rapproche de la côte.

Il semblerait que cette pente descendante fût uniforme ; il n'en est rien. Toute cette région, en effet, a été conquise sur l'Océan, qui recule de plus en plus sous l'action de la barre, laquelle amoncelle sur le littoral des bourrelets de sable que recouvrent ensuite peu à peu les alluvions, traînées par les eaux venant du nord. Jadis les lames déferlaient sur le revers sud des contreforts de la région montagneuse ; insensiblement, la mer s'est retirée ou plutôt les terres ont gagné et les bourrelets successifs formés par la barre se sont recouverts d'une couche de terre végétale d'autant moins épaisse que la formation est plus récente et ont formé des plateaux de moins en moins élevés, séparés entre eux par des dépressions plus ou moins profondes.

2

La preuve que ces plateaux se sont bien formés ainsi et qu'ils ne sont pas le résultat d'un soulèvement réside dans ce fait qu'on ne rencontre pas une seule pierre dans tout le bas pays. Aux postes de Goho et Allada, on a, dans l'espoir de trouver de l'eau, creusé jusqu'à 30 et même 40 mètres. On a partout trouvé de l'argile mélangée de sable en proportions variables, mais la pioche ne s'est heurtée à aucune couche pierreuse.

Au-dessous du plateau des Mahis on trouve le plateau d'Abomey, d'une altitude moyenne de 60 à 80 mètres, puis, la dépression de la Lama qui le sépare du plateau d'Allada, dont l'altitude peut être évaluée à 40 mètres environ; vient ensuite le plateau de Savi, séparé du précédent par une dépression remplie par la lagune de Tori et qui a de 25 à 30 mètres d'élévation; enfin, au sud du plateau de Savi, au milieu d'une vaste plaine marécageuse, on rencontre un plateau peu étendu d'une altitude moyenne de 10 à 15 mètres sur lequel est bâti Ouidah.

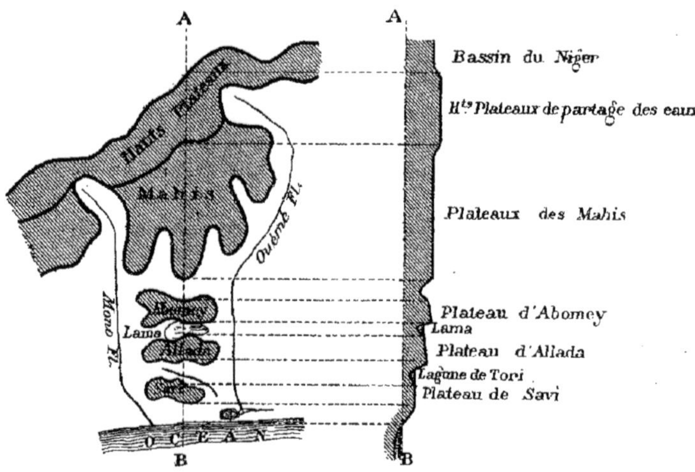

Le sol de ces plateaux a un aspect rougeâtre; il est formé d'un mélange d'argile et de sable cristallin en plus ou moins grande proportion. Il devient malléable sous l'action de l'humidité et durcit sous celle de la chaleur; cette propriété le fait employer par les indigènes pour la construction des murs et la confection d'une sorte de récipients pour l'eau appelés jarres.

Il existerait paraît-il dans la région montagneuse des minerais de plusieurs sortes, voire même des minerais d'or.

Sur le littoral et jusqu'à une distance qui varie entre 4 et 6 kilomètres, le sol est formé d'une espèce de sable jaunâtre, très poreux, d'un aspect brillant.

A l'est et à l'ouest de ces plateaux se détachent, dans la partie septentrionale, des contreforts de faible relief, qui séparent entre eux les bassins des cours d'eau secondaires; mais dans la partie méridionale, en dehors de ces faibles élévations, ce ne sont que de grandes plaines marécageuses, preuve évidente de ce que nous disions plus haut, à savoir que cette basse région n'est qu'une sorte de delta assez analogue au delta tonkinois.

De cette étude succincte du système orographique on peut facilement déduire le caractère du système fluvial.

Au nord, dans la partie accidentée, ce sont des cours d'eau torrentueux, ayant des bassins assez bien définis, mais dans la région inférieure, on trouve des cours d'eau larges et sans berge bien nette, dont le lit se divise parfois en plusieurs branches qui coulent tantôt dans un sens, tantôt dans un autre, selon que les crues sont plus fortes sur tel ou tel point et qui arrosent des plaines marécageuses que couvrent les eaux à la saison des pluies : ce sont bien là les caractères d'un delta.

Le manque de courant fait que la plupart de ces cours d'eau sont couverts d'herbes et d'îles flottantes amenées de la partie supérieure du cours par les crues, et ces eaux arrivent à la côte avec une vitesse tellement faible, que le mince bourrelet de sable amoncelé par la barre suffit à leur fermer la communication avec la mer. Les eaux s'épanouissent alors en se répandant parallèlement au littoral et forment, à peu de distance de la côte, une ligne d'eau qu'on désigne, dans les parties étroites, sous le nom de lagunes.

C'est d'abord le lac Nokoué, appelé lac Denham, par le commandant Denham, de la marine anglaise, dans les travaux qu'il a faits en 1846. Ce lac reçoit, comme nous le verrons bientôt, des cours d'eau importants; aussi son étendue est-elle relativement considérable. Il a la forme générale d'une ellipse dont le grand axe aurait environ 18 kilomètres et le petit axe 9 kilomètres. Sa profondeur varie avec les saisons, mais elle permet à des canonnières, ne calant comme l'*Opale* que 0^m,60, d'y naviguer toute l'année.

Il communique par des canaux de faible largeur avec la lagune de Porto-Novo qui se prolonge vers l'est, sous le nom de lagune de Lagos, jusqu'à ce point où elle débouche dans l'Océan.

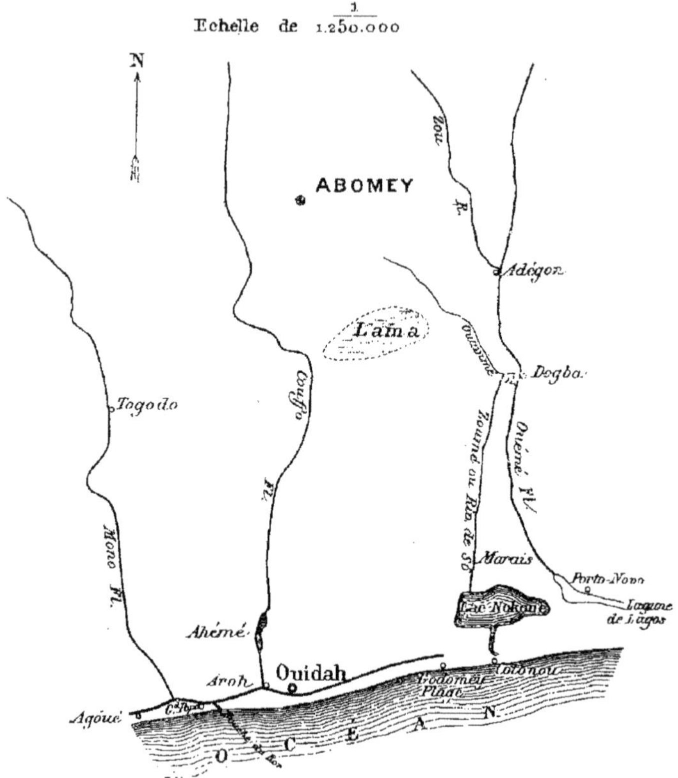

Le lac Nokoué se prolonge au sud par un canal d'une largeur qui varie entre 150 et 400 mètres et désigné sous le nom de lagune de Cotonou. Il se termine, tout près de ce point, en un cul-de-sac séparé de l'Océan par un simple bourrelet de sable d'une trentaine de mètres d'épaisseur seulement.

En 1886, à la suite de crues considérables, ce léger obstacle s'ouvrit et le lac Nokoué communiqua quelque temps avec l'Océan. Ce n'a été que de courte durée; le sable amené par la barre n'a pas tardé à refermer l'ouverture et le lac s'est trouvé isolé à nouveau. Depuis, on a souvent caressé l'idée de rétablir cette communication; mais, si la construction d'une tranchée est une chose facile, les travaux d'entretien devraient être constants et seraient fort onéreux.

Nous trouvons ensuite une série de lagunes qui s'étendent depuis Godomey-Plage jusqu'au delà d'Agoué, sur le territoire allemand. C'est d'abord la lagune de Ouidah, puis, celle de Grand-Popo et enfin celle d'Agoué.

La largeur de ces lagunes varie de 60 à 200 mètres, leur profondeur de 2 à 6 mètres. Des courants y règnent, allant tantôt dans un sens, tantôt dans un autre suivant l'époque. Ces lagunes constituent une voie de communication simple, rapide et commode, fréquemment employée par les maisons de commerce.

La lagune de Grand-Popo communique avec l'Océan par une ouverture appelée « Bouche du Roi », qui a des fonds de 5 à 6 mètres et permet le passage à des embarcations de fort tonnage; néanmoins, la barre y produit des ensablements fréquents et rend l'accès de la lagune difficile, dangereux même.

Jadis cette ligne d'eau communiquait, paraît-il, à l'est, avec le lac Nokoué et l'on pouvait aller de Ouidah à Cotonou en pirogue. Depuis, le passage s'est obstrué et, comme on le verra dans l'étude détaillée du territoire annexé, on serait obligé, pour rétablir cette communication qui rendrait les plus grands services, de faire des travaux considérables.

Trois cours d'eau principaux se jettent dans cette ligne d'eau après avoir coulé du nord au sud perpendiculairement à elle. Ce sont, de l'est à l'ouest : l'Ouémé, le Couffo et le Mono.

Les sources de ces cours d'eau ne sont pas encore exactement connues; mais leur cours supérieur présente le caractère commun d'être torrentueux et d'avoir, par suite de l'orientation nord-est-sud-ouest de la chaine des Kongs, la direction générale du nord-ouest au sud-est; seul, l'Ouémé coule d'abord parallèlement aux monts Kongs après avoir pris sa source dans une dépression située vers l'extrémité orientale de cette chaîne.

La saison des pluies ayant lieu dans les hautes régions à une époque différente de celle à laquelle elle se produit dans le bas Dahomey, le régime des eaux de ces rivières n'est pas le même que celui des lagunes et autres cours d'eau de la région inférieure.

C'est ainsi que la crue de ces fleuves se produit en septembre, tandis que celle des lagunes a lieu dans les premiers jours de juillet.

L'Ouémé, comme tous les cours d'eau torrentueux dans la partie supérieure de leur cours, présente malheureusement l'inconvénient d'être ensablé sur plusieurs points et, à certains endroits; son lit n'est séparé des marais environnants que par de simples digues. A l'époque des basses eaux, les plus petites pirogues ne peuvent le remonter; aussi n'est-il, à proprement parler, navigable que pendant un mois et demi à deux mois de l'année, en septembre et octobre.

Mais, parallèlement à lui, coule une rivière précieuse par la quantité d'eau qu'elle a toute l'année; c'est le Zoumé ou rivière de Sô.

L'Ouémé communique avec elle à hauteur de Dogba, et cette rivière n'est en quelque sorte qu'un bras de fleuve.

La rivière de Sô a, sur la plus grande partie de son cours, une profondeur suffisante pour permettre à toute époque la circulation des grosses pirogues; malheureusement il faudrait entreprendre des travaux assez importants pour faire disparaître un certain nombre de bancs de vase accumulés peu à peu et qui divisent cette rivière de Sô en deux tronçons non reliés aux basses eaux.

La largeur de l'Ouémé varie entre 60 et 100 mètres; il se jette par plusieurs branches dans la lagune de Porto-Novo qu'il alimente. Les rives de son bassin supérieur sont escarpées, celles de son cours inférieur sont, au contraire, basses et marécageuses.

La rivière de Sô a une largeur à peu près aussi grande que celle de l'Onémé et se jette dans le lac Hokoué après avoir arrosé d'importants villages.

Le terrain compris entre ces deux cours d'eau n'est qu'un vaste marécage.

L'Ouémé reçoit, à droite, un affluent, le Zou, qui coule, pour la raison déjà citée, du nord-ouest au sud-est. Le régime de ces eaux est analogue à celui des eaux de l'Ouémé; mais, comme il arrose une région relativement accidentée, il a un cours bien défini; ses rives sont même escarpées.

Le Couffo est encore peu connu; deux ou trois reconnaissances l'ont seules exploré; il présente de grandes analogies avec l'Ouémé, mais c'est un cours d'eau d'une importance bien moindre. Son lit est généralement sablonneux, et les pirogues peuvent le remonter en tout temps jusqu'à Agomey, village situé à peu près à hauteur d'Allada.

Avant de se jeter dans la lagune de Ouidah, le Couffo alimente une vaste lagune appelée Ahémé dont la profondeur atteint jusqu'à 4 et 5 mètres; il prend, à la sortie de cette lagune, le nom de rivière d'Aroh, qu'il conserve jusqu'à son embouchure.

La source du Mono est située dans les environs du 8e parallèle. Ce fleuve coule d'abord du nord-ouest au sud-est, puis s'infléchit vers le sud, direction générale qu'il conserve ensuite pendant tout son cours.

Dans le bassin supérieur, ses rives sont escarpées et à parois presque verticales; elles ont environ 3 mètres de hauteur au-dessus du niveau de l'eau et sont généralement boisées. Des bancs de rochers forment des rapides qu'il est impossible de remonter, ne permettant ainsi la navigation qu'à partir de Togodo.

Ses rives, dans le cours inférieur, sont basses, marécageuses, bordées de palétuviers; à droite et à gauche, à peu de distance, courent des marigots qui communiquent, à l'époque des hautes eaux, avec le fleuve dont ils deviennent ainsi de véritables déversoirs.

La largeur du Mono varie de 80 à 100 mètres.

Il est, comme l'Ouémé, sujet à des crues périodiques qui ont lieu en septembre et octobre; sa profondeur atteint alors jusqu'à 5 mètres. Aux basses eaux, sa profondeur minimum est encore de $0^m,40$, ce qui permet aux pirogues de le remonter en tout temps jusqu'à Togodo.

Le Mono reçoit dans la partie supérieure de son cours quelques affluents peu importants et dont le lit est généralement sec pendant la saison sèche.

La Lama, ou marais de Cô, est, des trois dépressions dont nous avons parlé plus haut, celle qui est la plus importante.

C'est un vaste marais qui s'étend sur une longueur d'environ 30 kilomètres et sur une largeur de 12 kilomètres; couverte d'une brousse épaisse, la Lama est presque complètement desséchée à la saison sèche, mais, à l'époque des pluies, le sol argileux et mélangé d'une espèce de tourbe noirâtre qui en forme la surface devient extrêmement glissant et difficile pour la marche. A cette même époque, les parties les plus basses se remplissent d'eau et il se forme de véritables cours d'eau qui coulent les uns dans un sens, les autres dans le sens opposé.

La Lama constitue un véritable obstacle, considéré à juste titre par les Dahoméens comme une défense de premier ordre pour leur capitale. A la saison des pluies, elle est absolument impraticable et, comme nous le verrons plus loin, on est obligé, pour l'éviter, de faire de longs détours.

VOIES DE PÉNÉTRATION.

Dans un pays comme le Dahomey, où les porteurs constituent le seul mode de transport usité sur terre, on comprend que les voies fluviales aient une grande importance. C'est le genre de communication à la fois le plus simple et le plus rapide; dans une pirogue, en effet, on transporte aisément deux à trois tonnes de marchandises et un seul nègre peut, en ramant, faire 50 kilomètres en un jour, alors qu'il ne porterait sur la tête que de 30 à 35 kilogr. et ne ferait guère plus de 25 kilomètres dans sa journée.

Les rois du Dahomey ont si bien compris la grande utilité des cours d'eau, qu'ils avaient interdit aux blancs l'accès de la plupart d'entre eux, et avaient barré à l'aide de troncs d'arbres le lit de certaines rivières qu'ils estimaient être d'une grande importance.

En dehors de ces voies naturelles de pénétration, il existe une ligne de communication par terre, qui est très importante : c'est le chemin de Ouidah à Abomey par Tori, Allada, Ouagbo, Ekpé, Ouondonou, Zobodouré, Cana.

Malheureusement cette voie traverse la Lama en son milieu, c'est-à-dire que, pendant plusieurs mois de l'année, elle est absolument impraticable.

Les rois du Dahomey avaient soin de faire passer les missions se rendant à Abomey par ce chemin, à l'exclusion de tout autre, afin qu'on vît bien les difficultés énormes qu'il fallait surmonter pour arriver à leur capitale.

L'obstacle formé par la Lama peut cependant être tourné, sinon complètement, du moins en grande partie. Outre la route du centre, elle est, en effet, traversée par cinq autres chemins dont trois s'embranchent sur le chemin central; ces derniers sont les suivants :

CARTE
DES VOIES DE PÉNÉTRATION
à l'Echelle de $\frac{1}{2.000.000}$
(1 cent. pour 20 Kilomètres)

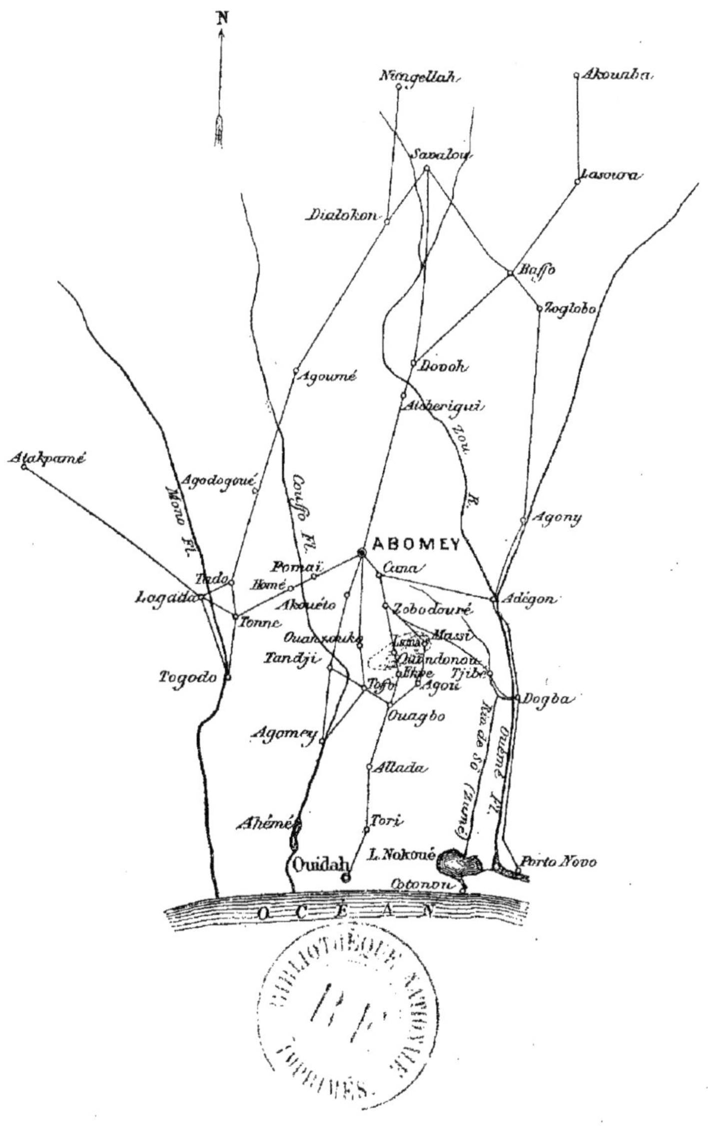

1° Ouagbo-Toffo-Ouanzouko ;

2° Ouagbo-Toffo-Tandji ;

3° Ouagbo-Agou-Massi-Zobodouré.

Les deux autres routes sont excentriques par rapport à la voie de communication étudiée en ce moment, nous en parlerons plus loin.

Ces trois chemins traversent la Lama sur des étendues d'autant moindres qu'ils s'éloignent davantage de la route du centre ; d'où il résulte que l'itinéraire par Massi est de beaucoup préférable.

L'Ouémé constitue, à la saison des hautes eaux, une voie de pénétration de la plus haute importance. Cette ligne de communication part du lac Nokoué et de la lagune de Porto-Novo, c'est-à-dire de notre base d'opération même. C'est pour cette raison et aussi parce qu'elle était la mieux connue, qu'elle a été employée dans la campagne de 1892.

La rivière de Sô double l'Ouémé. Lorsqu'on aura déblayé les parties de son cours qui empêchent la navigation, elle permettra d'utiliser à toute époque la voie d'eau jusqu'à Dogba. Il convient d'ajouter que cette rivière se prolonge au nord par un cours d'eau désigné sous le nom d'Ouavimé, qui, lui aussi, est navigable toute l'année, de sorte qu'on pourra en tout temps remonter en pirogues jusqu'à Akpomé.

Parallèlement à cette ligne d'eau, il existe une voie de terre, qui suit la rive gauche de l'Ouémé jusqu'à Adégon, et une autre qui, partant de Dogba, rejoint le chemin de Massi par Tjibé et Akpomé. Enfin, une route conduit d'Adégon à Abomey par Kotopa ; c'est celle suivie par la colonne expéditionnaire de 1892.

On peut remonter le Couffo jusqu'à Abomey ; à partir de ce point, on doit emprunter la voie de terre qui comprend deux chemins principaux :

1° Abomey-Toffo ;

2° Abomey-Tandji, Akouéto-Abomey.

Ce dernier contourne la Lama à l'ouest.

Le Mono est navigable en toute saison jusqu'à Togodo. C'est là que sont embarqués les produits destinés à la côte et qu'on débarque les marchandises de traite. Au delà de Togodo on doit se servir des chemins de pénétration dont les principaux sont les suivants :

1° De Togodo à Atakpamé par Lagada ;

2º De Togodo à Tado par Tonne;

3º De Tonne à Abomey, Homé et Pomai.

Plus au nord, il existe un certain nombre de voies de pénétration que nous ne pourrons étudier que sommairement, car toutes ne sont connues que par renseignements.

RÉGION DES HAUTS PLATEAUX

Echelle de $\frac{1}{5.000.000}$

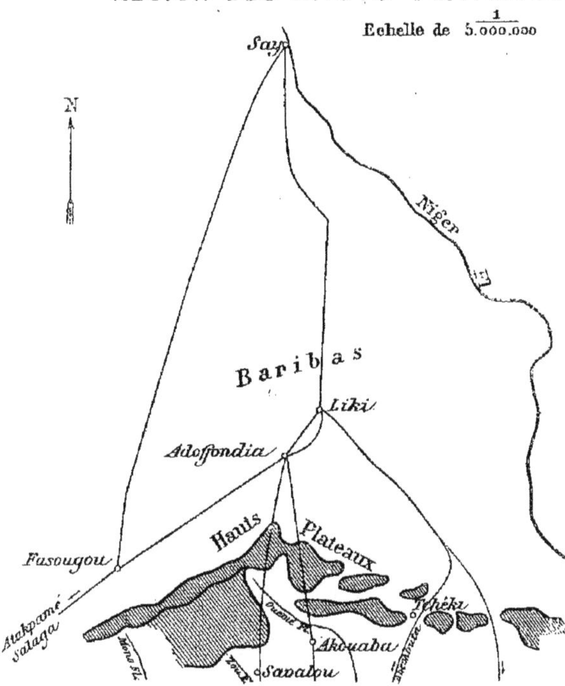

Nous citerons les itinéraires suivants :

1º De Tado à Savalou par Agadogoué, Agoumé, Dialokou;

2º De Tado à Nicageliah par Dialokou;

3º D'Abomey à Savalou par Atcherigui, Dovoh, Daklouko;

4º D'Abomey à Akouaba par Dovoh, Baflo, Lasoura;

5º D'Adégon à Baffo par Agony, Zoglobo.

La région située au delà du pays des Mahis est presque complètement inconnue; un seul explorateur, Duncun, y a pénétré en 1845. Il est allé jusqu'à Adoffondia après avoir traversé plusieurs affluents du Niger. Malheureusement il est impossible dans les interrogatoires de retrouver un seul des noms de son itinéraire. Ces noms ont dû changer depuis, ainsi que cela arrive souvent dans les pays noirs.

Des diverses peuplades qui composent cette région, une des plus importantes est sans contredit celle des Baribas. C'est un pays très peuplé, riche en bœufs, chevaux, ânes et mulets. Les gens du Bariba forment une corporation assez importante à Porto-Novo et Ouidah; ils sont tous musulmans et de la secte des Béni-Sénoussis.

La capitale du Bariba est Liki, à peu près à égale distance de Fasougou et de Say; le sultan qui a le plus d'influence dans le pays s'appelle Mouza.

Le Dahomey a toujours échoué dans ses tentatives d'incursions contre le pays.

DEUXIÈME PARTIE.

GÉOGRAPHIE DÉTAILLÉE DU TERRITOIRE ANNEXÉ.

LIMITES.

La plage de Cotonou nous a été cédée par le Dahomey vers la fin de 1864.

Le 19 mai 1868, fut conclu, à Ouidah, un traité par lequel le roi du Dahomey donnait gratuitement à la France le territoire de Cotonou s'étendant à l'est, jusqu'à 6 kilomètres de la factorerie Régis; au nord, jusqu'à une distance de 6 kilomètres, mesurée perpendiculairement au rivage, et à l'est jusqu'à la frontière du royaume de Porto-Novo.

Cette cession a été confirmée par le traité du 19 avril 1878.

La déclaration du 3 décembre 1892 a annexé les territoires de Ouidah, Savi, Avreketé, Godomey et Abomey-Calavi. Nos possessions

du Benin ont dès lors été limitées à l'est par l'Ahémé et la rivière de
Sô ; au nord, par les limites des cantons annexés.

GÉOGRAPHIE PHYSIQUE.

Le territoire, que nous allons étudier en détail, est tout entier
situé dans la région basse du Dahomey ; aussi les différences de ni-
vellement sont-elles pour ainsi dire insensibles.

D'une hauteur comprise entre 8 et 10 mètres, les dunes de sable
qui bordent le littoral forment la ligne de séparation entre l'Océan
et la grande lagune qui va de l'est à l'ouest, sur presque toute l'étendue de nos possessions. Ces faibles monticules sont dénudés sur le
versant qui regarde la mer, mais leur crète et le versant septentrional sont couverts d'une brousse très épaisse.

Au nord de cette ligne de dunes, et sur une largeur d'environ
6 kilomètres, le pays n'est, pour ainsi dire, qu'une plaine de sable,
couverte de marécages, présentant ici et là des îlots également sablonneux, garnis d'épaisses forêts de palmiers et sur lesquels sont
construits les villages.

Parmi ces îlots, il convient de distinguer celui sur lequel est bâti
Ouidah, car il est d'une espèce toute différente ; la nature de son sol
prouve, en effet, qu'il est de formation tout à fait analogue à celle
des plateaux successifs dont nous avons déjà parlé, et il est, de ces
plateaux, celui qui a été formé le plus récemment. Son altitude
peut être évaluée à 12 ou 15 mètres ; une lagune qui contourne la
ville de Ouidah, au nord et à l'est, le sépare du plateau de Savi.

Au nord de cette plaine marécageuse, vient mourir, en pente
douce, le versant méridional du plateau de Savi, qui constitue le
seul accident de terrain qu'on rencontre dans la région annexée.

D'une altitude qui ne dépasse pas 30 mètres, il s'étend jusqu'à
l'Ahémé, ou se termine brusquement en formant des berges élevées
garnies de palmiers ; il présente, à peu près en son milieu, une cou-
pure orientée du nord-ouest au sud-est remplie par la lagune de Savi.

Le versant nord de ce plateau a des pentes un peu moins douces
que le versant sud et il forme la berge méridionale de la lagune de
Tori.

Une brousse épaisse couvre partout les pentes du plateau de Savi ;
ailleurs, on ne trouve, au contraire, que des bouquets de palmiers

assez clairsemés, mais on rencontre, sur toute son étendue, de hautes herbes qui arrivent à cacher en très peu de temps le chemin qu'on cesse de fréquenter.

La grande lagune de Ouidah forme la ligne d'eau principale de la région. De l'embouchure de la rivière d'Aroh jusqu'à peu de distance de Godomey-Plage, elle s'étend sans discontinuité sur près de 40 kilomètres et constitue une voie de communication de premier ordre.

Ses rives, principalement du côté nord, sont basses et marécageuses ; elle reçoit les diverses lagunes qui amènent toutes les eaux du pays et, suivant que les crues ont lieu sur tel ou tel point, il s'établit des courants qui ont lieu tantôt dans un sens, tantôt dans l'autre.

L'eau de cette lagune est légèrement salée ; aussi le poisson qu'on y trouve a-t-il fort bon goût ; on y pêche jusqu'à des crevettes qui sont excellentes, voire même de très grosses huîtres, qui ont besoin, pour être mangeables, de séjourner, au préalable, quelques heures dans l'eau de mer. C'est dire que les habitants des villages qu'arrose cette lagune sont tous pêcheurs et qu'ils se nourrissent presque tous exclusivement d'huîtres et de poissons qu'ils prennent au moyen de barrages dressés perpendiculairement au courant.

Plusieurs îlots se rencontrent dans la lagune de Ouidah ; marécageux pour la plupart, quelques-uns, au contraire, émergent de 2 à 3 mètres au-dessus de l'eau et sont couverts de cases de pêcheurs.

Parmi les villages arrosés par cette lagune les plus importants sont : Aroh, Apohoué, Ouandji, Avrékété, Togboué.

Les pirogues vont en toute saison jusqu'à Togboué ; à l'époque des crues on peut les faire aller jusqu'à quelques centaines de mètres de Godomey-Plage. La lagune se prolonge ensuite par un bas-fond marécageux qui coupe la route de Cotonou et qui va rejoindre à Zobbo les marais qui entourent ce point.

Nous avons dit plus haut que la lagune de Ouidah communiquait jadis avec le lac Nokoué. Pour rétablir cette communication deux solutions se présentent. La première consisterait à creuser le bas-fond marécageux qui prolonge la lagune jusqu'à Zobbo. Malheureusement cette dépression n'est couverte d'eau qu'à la saison des pluies ; à l'époque de la sécheresse, elle est complètement desséchée ; il faudrait donc creuser à une grande profondeur, ce qui constituerait un très gros travail : c'est pourquoi nous pensons que ce moyen doit être rejeté.

La deuxième solution consisterait à utiliser la lagune d'Amaou, puis celle qui va d'Ouomé au lac Nokoué. Sur tout leur parcours ces lagunes contiennent une grande quantité d'eau ; au passage de Godomey il y a jusqu'à 4 mètres de profondeur ; il suffirait donc pour les utiliser de déblayer leur lit en enlevant les hautes herbes qui empêchent actuellement la navigation, et d'y faire circuler en permanence une drague qui aurait pour but de maintenir ce lit en bon état.

Les travaux, dans cette autre solution, seraient également longs et dispendieux ; aussi, pensons-nous que le moyen à la fois le plus simple, le plus sûr et le moins onéreux de relier Ouidah à Cotonou serait de construire sur la plage même une voie Decauville de Cotonou à Togboué et d'utiliser ensuite la lagune d'Ouidah.

Le fond de l'Ahémé est sablonneux et ses eaux sont saumâtres. Cette lagune est navigable en tout temps, même pour des pirogues de dimensions moyennes, car la profondeur de l'eau ne descend jamais au-dessous de 0^m,50. On n'y rencontre aucun écueil ; la brise du sud qui souffle ordinairement l'après-midi permet d'utiliser la voile et d'augmenter ainsi la vitesse de marche.

La rivière d'Aroh sert de déversoir à l'Ahémé ; comme son fond varie de 0^m,50 à 3 mètres, elle est navigable sur tout son cours. La navigation y est cependant pénible à cause des nombreux barrages à poissons qui encombrent le lit de la rivière. Certains de ces barrages sont aujourd'hui abandonnés, mais ils n'en sont pas moins dangereux, car les piquets presque invisibles peuvent faire chavirer les pirogues.

Toutes les autres lagunes présentent les caractères communs suivants : leur courant est si faible qu'il est souvent impossible de déterminer dans quel sens il a lieu ; elles sont couvertes, ainsi que leurs rives, d'une brousse très épaisse et, si parfois perce une clairière, la navigation et la marche sont empêchées par des herbes qui atteignent jusqu'à 3 mètres de hauteur.

Leur lit est rempli d'une espèce de vase formée par des détritus végétaux de toute sorte et, lorsqu'on les traverse, on sent s'élever de toutes parts les miasmes de la fièvre qui viennent inoculer dans les veines du malheureux Européen le microbe du paludisme.

Suivant la profondeur de l'eau, on les traverse à gué ou sur des rondins de bois juxtaposés ou bien on est obligé de se servir de pirogues.

L'eau de ces lagunes est généralement saumâtre et d'un aspect noirâtre ; cependant, à de certains endroits, dans leur cours supérieur, il arrive que le voyageur altéré tombe tout à coup en présence d'une lagune où coule, dans la partie médiane, un mince filet d'eau d'une limpidité et d'une clarté qui rappellent celles de nos ruisseaux des Alpes. Malheur à lui s'il y goûte ; cette eau, d'apparence si belle, renferme les germes de la dysenterie et, avant de calmer sa soif, il faut qu'il détruise par l'ébullition les microbes que cette eau contient.

Les lagunes de Tori et de Savi suivent d'abord, toutes les deux, la direction du nord-ouest au sud-est, puis celle du nord au sud ; elles forment en se réunissant un véritable lac, qui a la forme générale d'un losange dont les diagonales seraient orientées suivant les 4 points cardinaux et qui ne mesure pas moins de 2 kilomètres de long sur 1 kilomètre 1/2 de large. Les indigènes le désignent sous le nom de Toho.

Lorsqu'on se rend d'Hacrozon à Adjara sans être prévenu de l'existence de ce lac, on est profondément surpris d'apercevoir tout à coup, au sortir de la forêt épaisse sous laquelle on marche depuis près d'une heure, une aussi vaste étendue d'eau. En face, se détachent sur l'horizon les pentes d'Adjara couvertes d'une brousse intense d'où émergent des arbres magnifiques de taille et de formes, et si, à l'aide d'une pirogue, on se hasarde sur ce lac, dont la profondeur atteint jusqu'à 5 et 6 mètres, on voit tout autour, sur les bords de l'eau, une végétation des plus luxuriantes. La pirogue avance lentement sur cette surface liquide que pas une herbe ne recouvre et qu'une brise légère ride à peine ; seul, le passage d'un caïman vient parfois la troubler. L'eau est assez limpide et n'exhale aucune odeur fétide ; néanmoins, elle cache le poison ; on sent les germes du paludisme sortir de son sein, et l'on fait hâter le piroguier pour gagner vite la rive opposée.

Le Toho s'écoule par une grande lagune qui passe près de Paon, Ouomé, Godomey ; là, elle s'épanouit et se confond avec les marécages qui bordent le lac Nokoué. Elle reçoit un certain nombre de lagunes qui coulent du nord au sud et qui forment, à leur jonction, de véritables étangs dont la profondeur atteint parfois 4 et 5 mètres.

Parallèlement à la grande lagune de Ouidah et à environ 3 kilomètres, il existe une lagune qui se forme dans une plaine marécageuse au pied du plateau de Savi et qui se jette vers Togboué dans la lagune de Ouidah.

Enfin, au nord et à l'est de Ouidah, le contournant comme une demi-circonférence, coule une lagune qui se fractionne en deux pour couper la route de Cotonou, puis elle s'épanouit dans la grande plaine marécageuse qui est au sud de cette ville.

ITINÉRAIRES PRINCIPAUX.

Les chemins sont généralement en mauvais état ; les pluies torrentielles les défoncent et y creusent des ornières profondes que les indigènes ne réparent pas, car, voyageant toujours à pied, ils peuvent passer partout ; ils n'utilisent, du reste, ce genre de voie de communication que lorsqu'ils ne peuvent se servir des lagunes.

A cause du ravitaillement des postes de la région d'Abomey, le chemin qui mène de Ouidah à l'ancienne capitale du Dahomey était pour nous de la plus haute importance ; mais, avant de pouvoir l'utiliser, on a dû faire des travaux assez considérables, tels que digues au-dessus des lagunes, terrassements pour combler les ornières et élargir la voie, etc., etc.

Grâce à ces aménagements, les voitures Lefebvre ont pu circuler aisément jusqu'à la Lama même, et le ravitaillement s'est ainsi effectué dans des conditions très avantageuses.

Nous allons étudier les principaux itinéraires qui traversent le territoire annexé en faisant une description sommaire des villages qu'ils rencontrent et en donnant quelques renseignements sur les chefs placés actuellement à la tête de ces villages.

Ouidah à Savi, Tori, Allada (route d'Abomey). — Le chemin qui conduit de Ouidah à Savi traverse un terrain dont le sol ferme et résistant rend la marche facile et peu fatigante. D'une largeur de 1 mètre à 1ᵐ,50, il atteint, à 2 kilomètres environ de Ouidah, une lagune que des travaux de terrassement permettent de passer à pied sec au moins pendant la saison des basses eaux. Après le passage de la lagune, il gravit les pentes presque insensibles du plateau de Savi, et arrive bientôt, à travers un pays presque découvert, au village du même nom.

Bâti à droite et à gauche de la route, à environ 7 kilomètres de Ouidah, le village de Savi se compose d'une centaine de cases disséminées dans la brousse. La plupart d'entre elles sont abandonnées et la population de Savi, qui avant notre arrivée devait s'élever à 200 ou 300 habitants, n'en compte aujourd'hui guère plus de 20.

Les fugitifs ont suivi dans la brousse l'ancien chef Djioké, qui a été remplacé par Adiato.

Au delà de Savi, la route continue dans la direction générale du nord-est en passant par Dénou, groupe de 3 ou 4 cases, où était du temps des Dahoméens la douane de Savi, et arrive bientôt devant une lagune qu'on passe à pied sec, grâce à une digue construite par les soldats du génie. Le chemin traverse une brousse épaisse et monte ensuite insensiblement dans la direction de Tori.

Ouidah à Cotonou. — La route de Ouidah à Cotonou se déroule parallèlement à la lagune de Ouidah jusqu'à Godomey; à partir de ce point, elle oblique vers le sud-est.

Généralement sablonneuse, elle a une largeur d'un mètre environ à certains endroits; ailleurs, ce n'est qu'un sentier de $0^m,30$ de large. Au sortir de Ouidah, on franchit successivement trois lagunes qui ont respectivement en mars, $0^m,80$, $0^m,40$ et $0^m,20$ de profondeur.

Après une marche de 12 kilomètres on arrive au village d'Hacrozou.

La partie principale de ce village est située au sud de la route; il n'y a au nord que quelques cases, dont celle du chef Djidoh. Les habitants sont animés d'un très bon esprit et font un commerce important avec les nombreux passants qui s'arrêtent toujours en cet endroit pour se reposer et se rafraîchir.

Après Hacrozou, les bois deviennent plus épais et le chemin traverse pendant 2 kilomètres une véritable forêt vierge. On rencontre ensuite, avant Ouédénou, un certain nombre de clairières.

Auprès d'Amaou, on rencontre une nouvelle lagune, large de 80 mètres environ, mais peu profonde; on aperçoit sur la gauche les ruines d'un vaste camp dahoméen, et après 2 heures de marche on atteint Godomey.

Godomey est un grand village, d'où malheureusement la population s'est en grande partie enfuie. Les maisons Fabre et Régis y ont construit des factoreries qui faisaient auparavant un grand commerce d'huile de palme.

La route de Godomey à Cotonou est très pénible à cause du sable, dans lequel on marche constamment. Après 6 kilomètres de marche, on atteint la dépression marécageuse qui va de Togboué à Zobbo et, à la saison des pluies, on a deux ou trois mauvais passages à franchir.

On chemine sous bois presque constamment et l'on désespère d'arriver lorsqu'on tombe tout à coup dans la clairière où se trouve Cotonou, distant de Ouidah d'environ 43 kilomètres.

Cotonou est, grâce à son warf qui obvie aux inconvénients de la barre, le véritable port de notre colonie.

Le village est bâti entre la lagune et la mer reliées par une ligne de palanques construite en 1890, et qui forme la ligne de défense ouest; cette ligne est flanquée à l'extrémitée nord par le fort Compeyrat et en son milieu par un blockhaus récemment construit.

En dehors des bâtiments militaires qui se composent de pavillons bâtis sur la plage et d'un hôpital, on remarque la station du câble télégraphique de la Compagnie anglaise de l'Ouest africain et les factories des maisons Fabre et Régis.

Cotonou est le point le plus salubre de la côte; pour cette raison et aussi à cause de son warf, nous pensons qu'il est appelé à un grand avenir.

Ouidah à Avrekété. — Le chemin qu'on prend pour aller à Avrekété, s'embranche sur celui de Cotonou à environ 5 kilomètres de Ouidah. Ce n'est qu'un sentier de 0^m,30 de large, qui chemine à travers une plaine sablonneuse, marécageuse à certains endroits. Un peu avant d'arriver à Abouipota, on rencontre une légère dépression que baignent les eaux à la saison des pluies.

Le village d'Abouipota est assez important; la maison Régis y a établi un comptoir.

Pour aller à Avrekété, on doit traverser la lagune de Ouidah, qui, en cet endroit n'a pas moins de 1^m,50 de profondeur. Le passage se fait en pirogue.

Avrekété-Ville est construit dans une île, située au milieu de la lagune. Un peu avant d'y arriver, on traverse le village de Savicodji. Sa distance de Ouidah est de 15 kilomètres.

Les habitants au nombre de 110 en comptant ceux d'Abouipota et des deux Savicodji, sont animés d'un bon esprit; leur chef Vodonou est intelligent et dévoué.

En passant un deuxième bras de lagune et en suivant, pendant quelque temps, un sentier à travers les dunes de sable, on arrive à Avrékété-Plage qui ne comprend qu'un petit magasin de transit pour les factoreries.

Ouidah-Ville à Ouidah-Plage. — La distance entre ces deux points ne dépasse guère 4 kilomètres; mais, lorsqu'on débarque à Ouidah-Plage et qu'on veut se rendre à Ouidah-Ville, on doit traverser une suite presque continue de lagunes, et, à moins qu'on ne dispose d'un hamac il faut compter sur un trajet de plus d'une heure.

Le chemin a une largeur suffisante pour permettre le passage des lagunes mais, à la saison des pluies, les lagunes communiquent entre elles par la route elle-même, qui devient alors un véritable ruisseau.

Ouidah-Plage est un endroit très sain; on y a construit un sanatorium pour la troupe.

Les diverses maisons de commerce y possèdent toutes un magasin de transit.

Ouidah à Aroh. — Le sentier serpente continuellement au milieu des marais; on traverse trois marigots assez profonds et, pendant 4 kilomètres, le chemin est une véritable fondrière.

Le village d'Aroh, distant de Ouidah de 13 kilomètres, est situé à l'embouchure de la rivière du même nom; le transit se fait par pirogues, sur la grande lagune de Ouidah.

Ouidah à Pomassé. — Lorsqu'on a à se rendre à Pomassé, en partant de Ouidah, on n'est pas embarrassé par le choix du chemin, tellement cette région est sillonnée par de nombreux sentiers; il faut avoir avec soi un guide sûr et connaissant bien le pays, pour ne pas faire de trop longs détours.

A l'arrivée à Pomassé on est émerveillé par la beauté du spectacle qui s'offre aux yeux : des hauteurs boisées où l'on se trouve, on voit se dérouler à ses pieds la grande lagune de l'Ahémé sur laquelle glissent, comme sur un miroir, une multitude de pirogues de toutes les dimensions et, au-devant de soi, à partir de la rive opposéc, la grande plaine des Minas et des Popos se perd dans les vapeurs lointaines.

Pomassé est un assez grand village situé à environ 13 kilomètres de Ouidah.

Tori à Avrekété. — Le chemin de Tori à Avrekété suit les hauteurs qui bornent au nord-est et à l'est la lagune de Tori. C'est un sentier de $0^m,30$ de large; il franchit, de distance en distance, d'épais bouquets de bois et, après avoir traversé quelques villages peu importants, arrive à Adjara.

Ce village est bâti à l'ouest du chemin; l'esprit des habitants est bon.

Au delà d'Adjara le chemin présente une pente descendante assez sensible et arrive à la lagune de Paon, qui mesure en cet endroit 300 mètres de large. On la traverse en pirogue.

2 kilomètres plus loin le chemin coupe la route de Cotonou, il devient alors sablonneux, traverse quelques bouquets de brousse épaisse et atteint Avrekété, après une étendue de parcours d'environ 20 kilomètres.

Godomey à Abomey-Calavi. — A peu de distance de Godomey, on traverse en pirogue une lagune qui a près d'un kilomètre de large et dont la profondeur atteint jusqu'à 4 et 5 mètres.

Le chemin prend ensuite la direction du nord et traverse un sol ferme et résistant qui rend la marche peu fatigante.

On franchit d'épais bouquets de brousse séparés par des clairières généralement cultivées, et on arrive tout à coup, après une marche de 6 kilomètres et demi, à Abomey-Calavi, dont rien ne décèle la présence.

Abomey-Calavi est un très gros centre de près de 300 habitants; aujourd'hui, beaucoup ne sont pas encore rentrés et le village est presque désert. Il est situé à 1500 mètres du lac Nokoué avec lequel il communique par un chenal accessible seulement aux petites pirogues à la saison sèche.

Godomey à Zobbo. — Deux chemins conduisent de Godomey à Zobbo.

L'un évite la lagune; il s'embranche sur la route de Cotonou, au sud de Godomey, tout près d'un ancien camp dahoméen, et se dirige sur Zobbo en traversant une région très boisée.

C'est le chemin suivi en août 1892, par la reconnaissance du commandant Stéphani, après qu'elle se fut heurtée, aux abords de Godomey, à une bande nombreuse de Dahoméens.

Le deuxième chemin va directement de Godomey à Zobbo; il franchit, à peu de distance de Godomey, sur une longueur de 300 mètres, la lagune qui est au nord de ce village et pénètre ensuite sous une épaisse forêt de palmiers.

Zobbo est un très petit village construit tout près du lac Nokoué dans des marais presque constamment remplis d'eau; aussi, la plupart des cases sont-elles sur pilotis.

Un chemin permet d'aller directement de Zobbo à Cotonou.

Godomey à Godomey-Plage. — Le sentier se dirige vers le sud, à travers des bouquets de bois. Il franchit sur deux points la dépression marécageuse qui passe au nord de Godomey-Plage, ce qui rend ce chemin long et incommode.

Godomey-Plage ne possède que quelques magasins de transit appartenant aux factoreries de l'intérieur : il est distant de Godomey-Ville d'environ 6 kilomètres.

Abomey-Calavi à Ouadou. — Deux chemins conduisent à Ouadou; l'un, par Ouéto, oblige à traverser une lagune remplie de vase noirâtre et qu'on passe sur des rondins de bois juxtaposés; l'autre, par Ouéga, est bien meilleur mais plus long d'un kilomètre; la longueur du trajet est, par ce chemin, de 13 kilomètres.

Ouéga ne se compose que de quelques cases disséminées dans une brousse épaisse.

Ouadou est un village très important; on y trouve des ruines d'une agore qui sont très curieuses.

Ouadou à Adjara. — Le chemin est sous bois depuis Ouadou jusqu'à Krévié; c'est-à-dire pendant 2 kilomètres.

Krévié est un village de 80 habitants. De ce point à Sossou, le sentier, très praticable, continue sous bois jusqu'à Alacankoh; il gravit ensuite les pentes d'un plateau boisé, puis, il traverse une lagune de près de 600 mètres de largeur; on a creusé, à travers les herbes, un chenal qui permet de passer en pirogue.

Alacankoh est un village de féticheurs; il compte une cinquantaine d'habitants.

On reçoit dans toute cette région un excellent accueil.

Après Sossou on est continuellement sous bois jusqu'à Adjara où l'on arrive après une marche de 12 kilomètres environ.

DIVISIONS ADMINISTRATIVES.

Un arrêté du général commandant supérieur, en date du 29 décembre 1892, a divisé le territoire annexé en deux cercles : le cercle de Ouidah et celui de Cotonou.

Chaque cercle est divisé en cantons qui comprennent chacun un certain nombre de villages.

Les cantons de Cotonou, Godomey et Abomey-Calavi sont rattachés au cercle de Cotonou.

Ceux de Ouidah, Aroh, Savi, Avrekété, font partie du cercle de Ouidah.

Ce même arrêté spécifie que les chefs de villages et de cantons sont nommés par le chef de la colonie.

Lorsque les Dahoméens, il y a environ deux cents ans, firent la conquête des royaumes d'Adjuda et de Jacquin, qui constituaient précisément le territoire que nous avons annexé, ils placèrent à la tête des villages peu importants des chefs pris dans le pays même, mais ils groupèrent un certain nombre de ces villages pour former des régions de commandement qui furent confiées à des chefs dahoméens.

Les limites de ces régions étaient à peu près celles des cantons actuels, et leurs chefs avaient pour résidence les chefs-lieux de ces mêmes cantons.

Inutile d'ajouter qu'au moment de la guerre tous ces chefs partirent pour la brousse. Quelques-uns d'entre eux firent par la suite leur soumission; les autres ont suivi, dans sa retraite, l'infortuné roi Béhanzin.

Ces derniers ont été remplacés par des chefs, descendant, pour la plupart, de ceux qui commandaient avant l'occupation dahoméenne, et presque tous se sont franchement ralliés à notre cause.

Chaque cercle est administré par un administrateur placé sous l'autorité du commandant du cercle.

POPULATION.

La population du pays annexé appartient, comme du reste celle de tout le Dahomey, à la famille des Djedjis.

Cette famille est une de celles qui ont émigré entre le Niger et la côte, à la suite des rivalités qui durent forcément éclater lorque toutes les peuplades africaines ne formaient, au centre de l'Afrique, qu'une seule et même famille.

Les hommes sont grands, vigoureux, bien taillés; capables de porter sur la tête jusqu'à 40 et 50 kilogr., et cela pendant plusieurs jours de suite; ils s'habituent, dès le plus bas âge, à ce genre de métier, et l'on voit fréquemment des enfants porter sur la tête des fardeaux dont le volume dépasse leur taille.

Les femmes sont loin d'être disgracieuses lorsqu'elles sont jeunes.

C'est une race qui présente, à un degré assez faible, les caractères distinctifs du type noir; elle a, en effet, la peau d'un noir rougeâtre, le front peu fuyant, le nez peu écrasé, et la lèvre inférieure n'est pas très épaisse.

Courageuse, elle aime à faire la guerre.

Hommes et femmes ont pour tout vêtement un pagne, ordinairement bleu, sous lequel ils portent habituellement un petit caleçon de toile.

Leur faible intelligence les rend, pour la plupart, impropres à toute culture intellectuelle.

Jeunes, ils se montrent éveillés, actifs et capables d'apprendre; mais dès qu'ils ont grandi, le climat fait sentir son influence; ils deviennent mous, apathiques, sans volonté aucune, et l'enfant qui promettait, devient presque une brute.

En fait de religion, ils auraient, paraît-il, l'idée d'un être suprême et unique; mais ils ne pratiquent aucun culte en son nom.

Dans l'impossibilité où ils se trouvent de comprendre les causes scientifiques des phénomènes, même les plus simples, qu'ils voient se manifester chaque jour autour d'eux, ils donnent un esprit à ces causes, et pour s'attirer ou combattre ces bons ou mauvais esprits ils leur offrent des objets, des aliments, font des sacrifices d'animaux, voire même des sacrifices humains qu'ils accompagnent de libations et d'invocations.

Ils matérialisent, sous des formes diverses appelées fétiches, l'idée qu'ils rattachent à chacun de ces bons ou mauvais génies. Tantôt pour le fétiche de la fécondité, par exemple, c'est une statue grossière et indécente représentant un être, homme ou femme, nu et accroupi sur les jambes; pour un autre génie, c'est un arbre dont l'espèce varie suivant le village ; ou bien enfin, c'est un animal, le boa ou la couleuvre.

Ce fétichisme ne produit chez eux ni fanatisme, ni exaltation ; quand un fétiche n'exauce pas leur demande, ils se consolent en disant qu'un autre fétiche, qui leur était contraire, a été plus fort que le premier, et demain, s'il y a lieu, ils feront de nouveaux sacrifices, de nouvelles prières. C'est ainsi qu'ils expliquent bien simplement leur défaite de 1892 en disant : « Le fétiche des Français a été plus fort que le nôtre ».

Les féticheurs ont cependant une grande influence ; ce sont eux qui font les sacrifices et communiquent avec les fétiches ; de plus, ils forment la seule caste instruite, si l'on peut qualifier ainsi la connaissance de quelques douzaines de proverbes, qu'ils représentent à l'aide de points gravés dans un certain ordre sur des morceaux de calebasse, et qu'ils développent plus ou moins suivant la vivacité plus ou moins grande de leur imagination.

Les liens de la famille sont assez solides ; tous les membres qui la composent, vivent ensemble dans une case à deux ou trois compartiments, et chacun travaille dans la mesure de ses forces pour contribuer au bien-être de tous.

La polygamie existe en principe ; mais comme le mari achète sa femme, on comprend qu'il n'y ait que les riches qui puissent se payer ce luxe.

C'est qu'en effet, ce sont les femmes qui soignent les enfants, préparent la nourriture, vont chercher l'eau qui est presque toujours loin, pilent le maïs, préparent le coton, lavent le linge, etc., etc. De plus, elles participent dans une large mesure aux travaux des champs, cueillette de l'indigo, du coton, fabrication de l'huile de palme.

Une femme seule aurait de la peine à suffire à toute cette besogne ; aussi voit-on les riches en posséder jusqu'à dix.

Il y a enfin une autre raison : lorsqu'une femme est enceinte, son mari n'a plus aucun rapport avec elle ; de même, pendant tout le temps que l'enfant n'est pas sevré, et comme les mères allaitent pendant trois ans, on peut évaluer à environ quatre ans le temps pendant lequel le mari n'a pas de rapports avec sa femme.

Aucune discorde, du moins en apparence, ne s'élève dans ce ménage à plusieurs ; toutes les femmes obéissent à celle qui est la plus ancienne dans la maison.

Malgré cela la population n'est pas dense; on est frappé, lorsqu'on parcourt le pays, de voir les villages ne se composer que de quelques cases qui sont elles-mêmes presque désertes. Seules, les rives de quelques cours d'eau importants, tels que l'Ouémé, la rivière de Sô, possèdent des grands centres.

Il faut chercher la cause de ce dépeuplement dans les événements qui viennent de s'accomplir.

Lors de la guerre, Béhanzin fit faire de grosses levées de gens dans le pays; la plupart ne sont pas rentrés, soient qu'ils aient été tués, soit qu'on les ait forcés à suivre le roi dans sa retraite.

Parmi ceux qui furent laissés dans les villages, presque tous s'enfuirent dans la brousse à notre approche pour attendre de quel côté serait l'avantage. Puis, voyant s'accomplir l'affirmation de notre occupation, ils sont rentrés petit à petit et ont repris doucement leurs anciennes occupations.

Suivant la situation géographique des villages, l'état d'esprit des gens et l'attitude des chefs, ce mouvement de retour des populations s'est opéré plus ou moins vite, mais on peut dire qu'actuellement le pays commence à se repeupler.

PRODUCTIONS.

Comme toutes les régions tropicales, le bas Dahomey possède une végétation des plus luxuriantes; les arbres poussent, fleurissent, donnent leurs fruits sans aucune interruption; les feuilles restent toujours vertes, il n'y a jamais ni automne, ni hiver.

On y rencontre les essences d'arbres les plus variées : manguier, oranger, citronnier, palétuvier, baobab, gommier, et enfin, les diverses sortes de palmiers.

L'espèce de palmier qui domine est le palmier à huile, ainsi nommé parce qu'on extrait de son fruit et de l'amande, qu'il contient, une huile employée principalement dans la fabrication des bougies et des savons.

Le palmier ne craint nullement les intempéries; sa récolte constitue donc un revenu absolument sûr; aussi formait-il, avec la case, la propriété personnelle de l'indigène; la terre appartenait au roi.

Citons encore le cocotier, qui donne une noix renfermant une liqueur douceâtre dont les indigènes sont très friands.

Au pied de ces arbres de haute stature, croissent des arbustes et des plantes dont les produits sont des plus précieux, ce sont : le tabac, l'indigo, le manioc, le ricin, le cotonnier, le bananier, le caoutchouc, etc., etc....

L'indigène, dans son apathie et sa mollesse, se contente de gratter un petit coin de terre pour faire venir le maïs nécessaire à sa nourriture, et de fabriquer un peu d'huile de palme qu'il va troquer à la factorerie voisine contre les effets et objets qui lui sont indispensables.

Et cependant le sol du Dahomey est fertile; il est placé dans les conditions de climat voulues; c'est pourquoi l'on peut presque affirmer que des plantations de café, de cacao et de riz donneraient sans nul doute des résultats remarquables.

Ouidah, le 15 juin 1893.

E. LAMBINET,

Colonel, Commandant supérieur.

Paris. — Imprimerie L. BAUDOIN, 2, rue Christine.

PARIS. — IMPRIMERIE L. BAUDOIN, 2, RUE CHRISTINE.

NOTICE

GÉOGRAPHIQUE, TOPOGRAPHIQUE ET STATISTIQUE

SUR

LE DAHOMEY

PAR

les Officiers de l'État-Major du Corps expéditionnaire du Benin

(IIIe, IVe ET Ve PARTIES)

PARIS

LIBRAIRIE MILITAIRE DE L. BAUDOIN

IMPRIMEUR-ÉDITEUR

30, Rue et Passage Dauphine, 30

1894

NOTICE

GÉOGRAPHIQUE, TOPOGRAPHIQUE ET STATISTIQUE

SUR

LE DAHOMEY

Extrait de la **Revue maritime et coloniale**

(1894.)

NOTICE

GÉOGRAPHIQUE, TOPOGRAPHIQUE ET STATISTIQUE

SUR

LE DAHOMEY

PAR

les Officiers de l'État-Major du Corps expéditionnaire du Benin

———

(IIIe, IVe ET Ve PARTIES)

PARIS

LIBRAIRIE MILITAIRE DE L. BAUDOIN

IMPRIMEUR-ÉDITEUR

30, Rue et Passage Dauphine, 30

—

1894

NOTICE

GÉOGRAPHIQUE, TOPOGRAPHIQUE ET STATISTIQUE

SUR

LE DAHOMEY

———

Les conditions dans lesquelles on a étudié, depuis l'an dernier, les diverses régions du Dahomey, ont obligé à modifier les divisions primitivement adoptées :

La 1re partie était un aperçu géographique d'ensemble ;

La 2e a traité du pays annexé ;

La 3e partie comprend le royaume d'Allada et la Lama ;

La 4e, le royaume d'Abomey, les Confédérations des Mahis et les voies d'accès dans le haut pays ;

La 5e traitera du royaume de Porto-Novo avec le Décamé, et les peuplades du Nord (Hollis, pays de Savé, etc., etc.) ;

La 6e enfin comprendra le protectorat de Grand-Popo, les Ouatchis, les Eoués, le Mono et le Tado (pays des Adjaas).

———

TROISIÈME PARTIE.

ROYAUME D'ALLADA.

L'ancien royaume d'Ardres, dont la capitale était Offra, devint, lorsque le Dahomey en fit la conquête[1] la province d'Allada, et sa capitale prit le nom d'Allada.

Agadhia, arrière-petit-fils de Dackho, deuxième roi du Dahomey, y fit construire un camp (qu'occupe aujourd'hui la garnison du poste) où se rassemblaient les guerriers avant d'aller « porter la guerre » à Ouidah. Ce camp a toujours été entretenu par les successeurs d'Agadhia, mais en dernier lieu les guerriers s'installaient de préférence au camp d'Ouïaoué, situé à 1 kilomètre environ au nord de la ville et dont il ne reste plus aujourd'hui que des ruines. C'est là qu'au début de la campagne de 1892 se tenait Béhanzin en personne avec la plus grande partie de ses guerriers ; il avait des détachements en avant à Godomey et Ouidah et se tenait prêt à se porter sur le point où la colonne française dessinerait son attaque.

Lorsque nos troupes prirent possession d'Allada, ce camp, ainsi que celui d'Agadhia, furent complètement incendiés par les habitants qui s'enfuirent dans la brousse.

Le chef d'Allada, prince Apollogon, frère de Béhanzin, avait sous ses ordres sept grands cabécères et sept petits. Dans les dernières années, le roi lui enleva du côté du Couffo une assez grande étendue de territoire qu'il plaça sous l'autorité du chef de Décamé, et réduisit à quatre le nombre des cabécères placés sous sa dépendance.

Le royaume d'Ardres a été reconstitué le 4 février 1894. Le prince Gauhou-Hougnon[2], dernier représentant de l'ancienne famille régnante du royaume d'Ardres, a été élu roi d'Allada par les chefs et les habitants sous le nom de « Gi-Gla-don-Gbé-Nou-Maou », devise

---

[1] D'après les récits du roi actuel d'Abomey, les faits se sont passés autrement : les rois d'Ardres seraient allés s'établir à Abomey et auraient fait la conquête du Dahomey.

[2] Agoliagbo l'appelle Tossou, chef des féticheurs.

qui signifie : « Le roi qui vient d'être nommé servira la France comme le soleil et la lune servent Dieu. »

Limites. — Les limites du royaume actuel d'Allada sont définies par l'article 1er du traité du 4 février 1894 (Voir l'Appendice n° 1). Elles sont : au nord la frontière du royaume d'Abomey, ligne brisée passant par les villages de Tandji, Dassa, Kissa, Aévedji, Halagba, Lomé, Massi, Hau, Aouangitomé qui appartiennent au royaume d'Abomey ; ces points forment sensiblement la limite nord de la Lama ; à l'ouest, le Couffo et l'Ahémé ; au sud, le territoire annexé ; à l'est, l'Ouémé, d'Aouangitomé à Dogba, l'Ouavimé jusqu'à son confluent avec la rivière de Sô, enfin cette rivière jusqu'à la limite du territoire annexé.

Le traité du 4 février 1894 place ce royaume sous notre protectorat et l'ouvre au commerce et à la civilisation.

GÉOGRAPHIE PHYSIQUE.

On a déjà vu que la région d'Allada faisait partie de cette série de terrasses dont le niveau s'abaisse graduellement au fur et à mesure qu'on se rapproche de la mer, et qu'elle formait un plateau d'une altitude moyenne de 40 mètres environ.

Les dépressions qui limitent ce plateau sont nettement définies. Au nord, c'est la Lama recouverte à la saison des pluies d'immenses flaques d'eau sans profondeur et d'une espèce de boue noirâtre qui se durcit et se fendille à la saison sèche, rendant ainsi la marche pénible et difficile ; à l'est, la rivière de Sô, aux rives basses et marécageuses ; au sud la lagune de Tori, et enfin à l'ouest l'Ahémé et le Couffo.

Au nord et à l'ouest, les pentes de ce plateau sont assez raides, tandis que le versant oriental est au contraire formé d'une série de terrasses peu élevées qui s'abaissent graduellement, la dernière se terminant brusquement au-dessus de la plaine où coulent l'Ouémé et la rivière de Sô.

L'intérieur du plateau est sillonné par des dépressions peu larges aux versants abrupts où coulent les affluents de la rivière de Sô et du Couffo.

Ces dépressions sont généralement orientées du nord-ouest au sud-est ou du nord-est au sud-ouest.

Constitution géologique. — La couche d'alluvions déposée par les eaux étant très épaisse, on n'a pu découvrir le banc rocheux sur lequel elle doit vraisemblablement reposer ; mais les fouilles ont fait connaître la composition même de cette roche sédimentaire.

A la surface on trouve, sur une épaisseur assez grande, une argile colorée en rouge brun par l'oxyde de fer. Puis viennent successivement d'autres couches stratifiées dans lesquelles la couleur rouge diminue à mesure qu'on s'enfonce dans le sol. On arrive ainsi à des bancs d'argile d'un jaune assez clair, grasse au toucher et très friable. Des couches de sable fin et brillant séparent entre elles ces stratifications.

Bien qu'on n'ait pu encore trouver le banc rocheux sur lequel reposent ces sédiments, certains indices décèlent sa présence d'une manière absolument certaine. L'épaisseur de la couche d'alluvions diminuant au fur et à mesure qu'on descend vers le sud, on pouvait imaginer un point où il suffirait de creuser à quelques mètres pour que la pioche rencontrât cette couche rocheuse ; on a précisément découvert près d'Adjara, entre Tori et Hacrozon, des puits dont la profondeur ne dépasse pas 15 mètres et où l'eau repose sur un banc rocheux ; en outre, à certains endroits, dans le lit des lagunes, on trouve une espèce de gravier noirâtre composé de peroxyde de fer et de fragments de roches feldspathiques, soudés ensemble par du carbonate de chaux. Enfin, dans l'Ouémé, à hauteur de Dogba, les eaux ont mis à découvert une roche assez volumineuse dont la présence ne s'explique que par l'existence d'un banc rocheux que recouvre une épaisseur plus ou moins grande de terre végétale.

La formation de ce plateau ressort nettement de ce qui précède. L'action des eaux diluviennes désagrégeant les roches des terrains de première formation, a entraîné et accumulé ces débris, constituant ainsi des terrasses dont les pentes s'infléchissent doucement vers le sud.

Les stratifications étant horizontales, ces régions n'ont pas subi de soulèvement postérieur à leur formation.

Cours d'eau. — Les plus importants sont :

I. *L'Aouté*, où l'on trouve une eau blanchâtre peu potable ; il coule du nord au sud et passe près d'Allada ; un peu au-dessous de ce point, il se réunit au Baté qui prend sa source près de Ouazoumé et dont le cours a également une direction presque nord-sud. Ces deux ruisseaux, en se réunissant, forment la grande lagune de Sossou qui se jette dans la lagune Léoué, sur le territoire annexé.

II. *Le Voin,* qui descend du plateau de Ouazoumé. Il coule sous un véritable dôme de verdure, et après avoir décrit sur les pentes orientales du plateau deux immenses courbes, se jette dans la rivière de Sô, à hauteur de Quinto.

III. *Le Coignon,* grossi du Bohou, qui prend sa source au nord-est d'Henvi; il ne tarde pas à tomber dans la plaine marécageuse qui borde la rivière de Sô, et forme en s'épanouissant la lagune Codé qui communique elle-même avec la rivière de Sô et la lagune de Togbota.

IV. *La rivière de Sô,* qui sert de limite à l'est au royaume d'Allada, a été décrite sommairement dans la 1re partie de cette étude. Du reste, les villages importants qu'elle arrose se trouvant sur la rive gauche, appartiennent au royaume de Porto-Novo, et on parlera d'eux en traitant de ce royaume.

V. *Le Couffo.* — Le cours supérieur de cette rivière sera étudié plus loin; on ne parlera ici que de la partie qui limite à l'ouest le royaume d'Allada, c'est-à-dire de Tandji à l'Ahémé.

Après avoir dépassé Tandji, le Couffo suit la direction générale nord-sud. Il a, aux basses eaux, une largeur de 12 à 15 mètres. Son lit, encadré dans des berges presque à pic, est bordé à droite et à gauche d'une plaine basse, entièrement inondée à l'époque des crues. Le fond est généralement sablonneux et ferme. Des arbres élevés et touffus garnissent les rives, formant avec leurs branches entremêlées un véritable berceau sous lequel coule lentement la rivière.

En approchant de l'Ahémé, le lit s'élargit, s'ensable, et les hautes herbes ainsi qu'une brousse intense, le cachent entièrement; à tel point, que de l'Ahémé même on a de la peine à découvrir l'embouchure de la rivière dans le lac.

Ces hautes herbes et ce seuil de sable constituent, dans cette partie du cours, le véritable obstacle à la navigation; on ne peut, en effet, sortir de l'Ahémé qu'à l'époque des crues, et cependant, à partir de Tandji, le volume d'eau que roule le Couffo est suffisant pour que, même à la saison sèche, les petites pirogues puissent remonter jusqu'à peu de distance de ce point; les grosses pirogues pouvant toute l'année aller jusqu'à hauteur d'Agomé.

VI. *Affluents du Couffo.* — Les principaux affluents que reçoit le Couffo sur la rive gauche, dans cette portion de son cours, sont : le Sito, l'Agpali et l'Ava :

1º Le Sito coule en pleine Lama, de l'est à l'ouest; c'est un ruisseau encaissé, au fond vaseux, dont l'eau a un goût détestable. Le chemin de Toffo à Houanzouko le traverse au gué de Sitopa (Sito-pa, près du Sito) et, aux hautes eaux, les indigènes le passent sur un pont de branchages;

2º L'Agpali descend du plateau de Coussy, il coule autour et au nord de Toffo que son affluent l'Ajagbé contourne au sud, et, après son confluent avec ce dernier, prend la direction ouest pour se jeter dans le Couffo;

3º L'Ava prend sa source près du village d'Avanon (à 1 kilomètre au nord d'Aïou); son nom lui vient du fétiche Ava, qui se trouve au village d'Avanon (Ava-non, propriétaire et gardien d'Ava). Elle contourne Aïou au nord, coule nord-sud, passe près d'Avacpa, se redresse, court est-ouest et, après avoir décrit deux courbes, se jette dans le Couffo, à 7 kilomètres environ d'Avacpa.

L'Ava a son lit bordé d'arbres superbes; elle traverse la grande forêt d'Allada, dans la partie où celle-ci est le plus dense : aussi sa vallée est-elle des plus pittoresques.

Lama. — Lama est un mot portugais qui signifie boue; on appelle aussi cette région Cô, mot qui, en langue du pays, veut dire marais.

C'est une grande dépression, orientée du nord-est au sud-ouest, qui va du Couffo au delà de l'Ouémé, sur une largeur moyenne de 12 kilomètres et qui, probablement, se prolonge aussi vers l'ouest, la région de Dobosotomé pouvant n'être qu'un îlot au milieu des marais.

Elle est couverte d'une épaisse forêt et, à la saison sèche, on ne la reconnaît qu'à la terre noirâtre et fendillée sur laquelle court le chemin, et aux bas-fonds qui forcent le voyageur à descendre et remonter sans cesse, rendant ainsi la marche excessivement pénible. Cette terre, formée de détritus végétaux de toute sorte, est essentiellement grasse; à l'époque de la sécheresse, la moindre pluie, même la rosée de la nuit, la rend très glissante, et la marche y est

difficile. Lorsque les pluies arrivent, le passage de la Lama devient
absolument impraticable ; une boue épaisse la recouvre, les bas-
fonds s'emplissent d'eau et toute trace de chemin disparaît. Les
indigènes des villages construits en pleine Lama y circulent cependant, mais avec infiniment de précautions et de difficultés ; ils
franchissent les dépressions remplies d'eau au moyen de passerelles
de fortune, et placent, aux endroits trop boueux, une série de
rondins en bois qui empêchent de s'enfoncer.

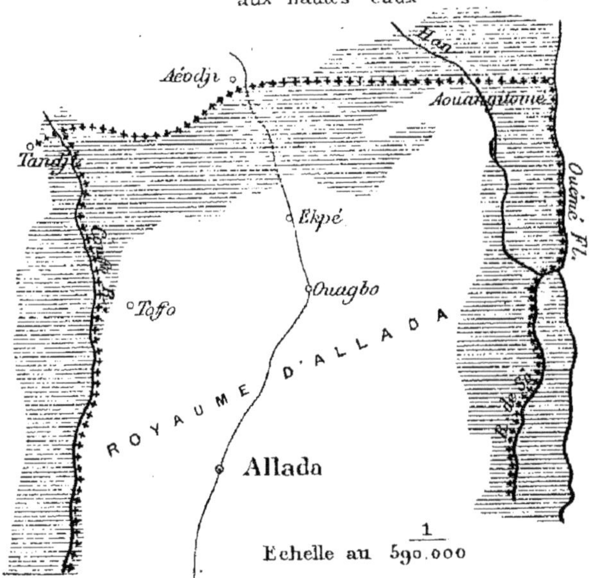

Comme, à cette même époque, les rives du Couffo et de l'Ouémé
sont entièrement inondées et que ces rivières roulent un volume
d'eau considérable, le royaume d'Allada se trouve, pendant environ
trois mois de l'année, presque complètement isolé du reste du pays.
La Lama couvre aussi la frontière sud du royaume d'Abomey, et l'on
comprend que les Dahoméens aient jugé, en 1892, cet obstacle
infranchissable.

Il ne faudrait pas croire que la Lama est rigoureusement plate : elle présente une légère déclivité vers l'est, sur la vallée du Han, et une autre vers l'ouest, sur la vallée du Couffo. La ligne de faîte et de partage des eaux doit être le chemin d'Ekpé à Aévidji, par Ououdonou ; d'abord, parce qu'on ne traverse, en le suivant, aucun des cours d'eau qu'on rencontre lorsqu'on passe à l'ouest ou à l'est, et ensuite parce que ce chemin, étant le plus fréquenté, doit passer aux endroits où, à la saison des pluies, l'eau a la moindre profondeur ; or ce sont précisément là les caractères d'une ligne de faîte.

Cours d'eau de la Lama. — Ils présentent tous la particularité de couler, suivant les saisons, tantôt dans un sens, tantôt dans un autre. Au commencement des pluies, en effet, elle est complètement desséchée ; ces cours d'eau, qui communiquent soit avec le Han, soit avec le Couffo, coulent vers la Lama, qui joue ainsi le rôle de réservoir et emmagasine les eaux ; puis, lorsque la crue a atteint son maximum et que le Couffo et le Han commencent à baisser, les eaux de la Lama, obéissant aux lois de l'équilibre, se reportent dans ces cours d'eau, pour redescendre à la mer. La Lama est donc une sorte de bassin régulateur.

Les principaux cours d'eau, qui sillonnent la Lama, sont :

1° Le Lito, qui court vers l'ouest et se jette dans le Couffo, entre Tandji et Codji ;

2° Le Dô, le Louc, le Da et le Hoo qui, tous, se jettent dans le Han.

Ces cours d'eau constituent des obstacles très sérieux, car leur fond vaseux oblige, pour les passer, à construire des ponts, qu'enlèvent chaque année les crues énormes et presque instantanées qui sont le régime général des cours d'eau dans ce pays.

Aussi, si l'on avait l'intention d'améliorer un passage de la Lama, accessible en tout temps aux voitures, ce serait ou le chemin central de Ououdonou, qu'il faudrait choisir pour cet aménagement ou peut-être celui qui passe par Toffo. Quant au chemin par Agon, Massi, par exemple, qui s'embranche à Ouagbo sur le premier et traverse la Lama sur une largeur un peu moindre, il rencontre une série de cours d'eau qui forment des obstacles d'autant plus sérieux qu'ils sont plus rapprochés de leur confluent avec le Han, et ce chemin, meilleur, en somme, dans son état actuel que le chemin central, présenterait, pour être aménagé d'une manière définitive et durable, des difficultés bien plus grandes que les précédents.

Pour améliorer le chemin par Ououdonou, il suffirait de niveler et de surélever de 2 mètres environ le chemin actuel au moyen de couches superposées de branchages et de rondins de bois recouverts de terre, travail que les habitants du pays pourraient, s'ils étaient sérieusement surveillés, faire en moins de deux mois et demi ; on n'aurait pas un seul pont à construire et on obtiendrait une voie commode et sûre en tout temps.

POPULATIONS. — PRODUCTIONS. — INDUSTRIES.

En parcourant le pays à certaines époques de l'année on est frappé de voir la plupart des villages presque abandonnés, et, si l'on n'est pas au courant des habitudes de la population, on en déduit que le pays est en grande partie désert. — Au moment des cultures, les habitants partent dans les champs, à l'exception des vieillards et des infirmes, et ne rentrent au village que lorsque les travaux sont terminés. — Chaque terre de culture possède deux ou trois cases qui servent d'abri aux travailleurs ; ces petites propriétés portent le nom de glétas ; entourées de brousse de tout côté, on passe tout près d'elles, sans qu'on puisse se douter de leur existence.

Au moment des cultures donc, la brousse est habitée et les villages sont relativement déserts. Le contraire se produit dès que la récolte est faite, les glétas se vident et les villages sont repeuplés.

Principaux centres d'habitation :

1º *Allada.* — Une population d'environ 250 hommes ou femmes ; avant l'arrivée des Français, ce chiffre atteignait 400. Beaucoup de gens se sont enfuis dans la brousse, mais ils rentrent petit à petit. Enfin, un certain nombre d'esclaves nagots se sont libérés et sont retournés dans leur pays.

Le village, situé près des sources de l'Aouté, est construit sur un terrain riche qui permet la culture de tous les produits (manioc, igname, maïs, haricots), sans compter la grande quantité de palmiers à huile qu'on y trouve.

Le marché est bien approvisionné. Allada est un gîte d'étape obligé sur la route de Ouïdah-Abomey ; c'est aussi le point de convergence d'un grand nombre de chemins importants, tels que ceux d'Abomey-Calavi, Décamé, Aïou, Ouozoumé, Agomé, etc. Allada est la résidence du nouveau roi Gi-Gla et la capitale du royaume. — On y trouve les ruines de l'ancien camp dahoméen d'Ouïaoué.

2° *Décamé*. — Groupe d'une soixantaine de cases, situé sur les hauteurs de la rive gauche de l'Ahémé, dominant la lagune et la rive droite du Couffo.

3° *Tori*. — Sur la route de Ouïdah, à 18 kilomètres environ d'Allada, est un gros village d'au moins 300 habitants. Marché très fréquenté, où vont même les femmes de Ouïdah.

4° *Agomé*. — Est plutôt le nom d'un territoire que celui d'un village unique. Le centre le plus important de la région est Oudomé, qui possède environ 150 habitants ; les cases sont spacieuses et bien construites ; le village est situé à 1 kilomètre environ du Couffo, sur une petite élévation de la rive gauche.

5° *Toffo*. — 800 habitants ; est le centre industriel de la région ; c'est un pays très riche. Le village est construit sur un mamelon, que contournent au nord l'Agpali et au sud son affluent l'Ajagbé ; le marché qui s'y tient est extrêmement important.

L'ancien chef de Toffo était, avant la conquête d'Abomey, un grand cabécère, Aboboué, qui avait deux autres cabécères sous ses ordres et commandait à tous les villages des environs ; il habitait un palais que l'on voit encore aujourd'hui au sud et près de la route Toffo-Henvi.

6° *Coussy*. — Compte environ 200 habitants ; son chef, Alladamaouzou, est venu un des premiers faire sa soumission dès l'occupation du pays en 1893. — Il a décidé un grand nombre de chefs de villages à l'imiter. Il est chef également de Colli, de Sé et de Toffo.

7° *Ouagbo*. — Est à 17 kilomètres d'Allada, sur la route d'Abomey. — Le village, assez grand, est en grande partie abandonné et ne compte pas plus de 80 habitants. — C'est là que s'embranche le chemin qui, par Agon et Massi, contourne la partie centrale de la Lama, pour la franchir sur une largeur un peu moindre. — Ouagbo a été occupé quelque temps par une petite garnison.

8° *Agon*. — Sur la route Ouagbo-Massi, est un centre assez peuplé.

9° *Djibé*. — Village important, formé de cases éparpillées au milieu de la forêt. Nou loin de Djibé sur l'Ouavimé on voit encore les ruines d'un vaste camp dahoméen que commandait, au commencement de la campagne de 1892, le cabécère Abozan.

10° *Ségié*. — Est construit sur trois îles, situées au milieu de la lagune du même nom. Toutes les cases sont sur pilotis et les gens ne circulent qu'en pirogues. On n'y compte pas moins de 300 habitants qui, pour la plupart, se livrent à la pêche.

11° *Henvi*. — Sur la route de Ouïdah à Abomey ; est à environ 12 kilomètres d'Allada. Les cases, situées de chaque côté du chemin, sont nombreuses ; on y trouve de l'eau en quantité dans une quinzaine de citernes qui reçoivent l'eau de pluie.

12° *Ouazoumé*. — Se compose d'une série de groupes de cases très disséminés et habités chacun par la même famille, dont ils prennent le nom (Ouazoumé-Medjera, Ouazoumé-Bata, etc.). Le village, très grand, compte 800 habitants.

Population. — La population du royaume d'Allada comprend des Djedjis, quelques nagots, esclaves en général, et, dans certains villages riverains du Couffo, des Adjaas, tribu issue des Djedjis.

On ne reviendra pas sur les caractères, les mœurs et coutumes de ces races qui se ressemblent beaucoup. Cependant, les Djedjis sont infiniment plus aptes à se civiliser que les autres ; les nagots sont plus apathiques, moins intelligents, réfractaires à tout progrès ; par contre, ils sont extrêmement prolifiques, qualité qui assure très probablement, pour un avenir peu éloigné, leur domination sur cette partie de l'Afrique occidentale.

Des rivalités anciennes, des haines profondes existent entre les Adjaas et les Djedjis (Dahoméens). Aussi les villages comme Décamé, Oudomé, dont la population renferme ces deux races réunies, sont-ils souvent troublés par des luttes intestines, querelles individuelles qui deviennent générales et dégénèrent en une véritable guerre.

Productions. — *Industries*. — L'aspect de la région d'Allada est celui d'une immense forêt défrichée sur quelques points seulement, pour permettre la culture du manioc, de l'igname, du maïs, des haricots, etc. Le terrain est, en général, fertile et, en bien des endroits, il est excessivement propre à la culture du café ; actuellement, la grande source de richesse du pays est le palmier à huile que l'on trouve en très grande quantité.

Comme bétail, on rencontre quelques moutons, mais surtout des chèvres ; les villages possèdent tous les genres de volailles (poules, pintades, dindons, canards). Enfin, les habitants des bords des lagunes ou cours d'eau vivent principalement du produit de la pêche, le poisson étant extrêmement abondant.

Au point de vue industriel, on trouve la fabrication des pagnes. qui se fait un peu partout, soit avec du coton importé, soit avec le coton du pays ; la confection des nattes, au moyen de minces lanières, tirées des branches de palmier, qui se fait également dans tous les villages.

Allada est renommé pour la fabrication des objets en bois, escabeaux, fétiches, casse-têtes, etc., mais le principal centre industriel est Toffo. — Là, on travaille les métaux, fer et argent. D'habiles ouvriers confectionnent les bijoux de toute sorte, les coupe-coupe, les armes ; ils fabriquent jusqu'à des fusils, à pierre naturellement.

VOIES DE COMMUNICATION.

Une multitude de sentiers, dans ce pays où ne se trouve aucun obstacle naturel, sillonnent en tous sens la surface du sol ; on ne citera que les chemins qui relient entre eux les points principaux, en indiquant le caractère propre à chacun et les difficultés qu'on y rencontre.

I. *Ouïdah-Abomey.* — La route traverse en entier le royaume d'Allada, du nord au sud ; cette section de la route est la plus belle et aussi la plus agréable à faire ; on chemine tout le temps sous un véritable dôme de verdure, pour lequel il n'y a jamais d'automne et qui forme un ombrage d'une fraîcheur peu commune dans ce pays.

Le chemin traverse les villages de Tori, Allada, Henvi, Ouagbo, Ekpé et s'engage, à 3 kilomètres au nord de ce dernier point, dans la Lama, au milieu de laquelle il traverse le village de Ououdonou.

En dehors des difficultés déjà indiquées, que présente la traversée de la Lama, on ne trouve aucun obstacle sur cette route ; sa largeur est même suffisante pour que les voitures puissent, dans la saison sèche, y circuler sur toute son étendue. — C'est la grande voie de ravitaillement des régions du nord, voie qui serait praticable en tout temps, si le passage de la Lama était aménagé ; c'est également le chemin le plus court pour se rendre de Ouïdah à Abomey.

II. *Tori-Avrékété*. — Ce chemin se détache à l'est de Tori, passe par Adjara et coupe, un peu à l'est d'Hacrozon, la route de Ouïdah à Cotonou. Il est bon, mais en ce moment peu fréquenté et envahi par la brousse.

III. *Tori-Décamé*. — Le sentier s'embranche à Tori, sur la route d'Abomey, traverse une série de petits villages et un grand nombre de glétas. Il n'est guère suivi que par les gens qui vont faire les cultures.

IV. *Chemins partant d'Allada*. — Allada est le point de convergence d'un grand nombre de chemins et sentiers. Les principaux sont :

1º *Allada-Torricada-Abomey-Calavy*. — Chemin généralement bon, surtout à la saison sèche, mais il traverse plusieurs cours d'eau et lagunes qui sont de véritables obstacles à l'époque des crues : ce sont, en partant d'Allada, l'Aouté, aux abords ravinés et caillouteux, puis la lagune Sossou, et enfin la lagune d'Ouéga, dont les rives sont très marécageuses ;

2º *Allada-Ouazoumé-Quinto*. — Le sentier traverse le Daté, près de sa source, serpente sur le plateau, sous la forêt épaisse, puis descend le versant oriental, en suivant la vallée du Voin, qu'il longe jusqu'à Quinto. — Dans cette partie de son cours, le chemin traverse la plaine marécageuse qui borde la rivière de Sô. Aussi, à l'époque des hautes eaux, est-il inaccessible ;

3º *Allada Adadji Dodomé Décamé*. — Ce chemin est très bon ;

4º *Allada Aïou Agbonou Agomé*. — Le sentier traverse d'abord la grande forêt, descend les pentes insensibles de la vallée de l'Ava, franchit ce cours d'eau, puis le suit sur une longueur d'un kilomètre et demi et gravit le versant est du plateau peu élevé où se trouvent les villages de Agomé. Ce chemin, très fréquenté, est bon ; il ne présente qu'un obstacle un peu sérieux aux hautes eaux : le passage de l'Ava ;

5º *Allada-Sé-Toffo*. — Le chemin traverse l'Ava, puis, tout près de Toffo, l'Ajagbé. Sur presque toute son étendue, il suit la crête occidentale du plateau au-dessus de la vallée du Couffo.

V. *Henvi-Toffo.*

VI. *Ouagbo-Toffo*. — Ces deux chemins sont bons ; ils traversent la grande forêt d'Allada sur presque tout leur parcours.

VII. *Ekpé-Toffo*. — Le sentier chemine sur la côte qui domine la Lama au sud, crête découpée qui le force à monter et descendre parfois assez brusquement et à traverser des dépressions marécageuses. A Toffo, il franchit l'Ajagbé à un gué encaissé et rocailleux.

VIII. *Chemins traversant la Lama en dehors du chemin central.*

A. — De Toffo partent, pour la région du Nord, quatre chemins qu'on peut grouper en deux catégories : 1° chemins qui traversent le Couffo et mènent à Tandji ; 2° chemins restant sur la rive gauche du Couffo.

1ʳᵉ catégorie : *a*) Chemin Toffo-Codji-Ouada-Tandji.

b) Chemin Toffo-Codji-Diquiridé-Komé-Tandji.

Ces deux routes sont à éviter, car non seulement elles traversent la Lama sur une étendue de 20 kilomètres, presque égale à la totalité de leur parcours, mais elles forcent à traverser deux fois le Couffo. En effet, après Tandji, le seul chemin pour gagner Abomey passe par Adjiassagon-Sinhoué, etc. ; or à Adjiassagon, le Couffo a environ 15 mètres de large et le pont improvisé par les indigènes n'est qu'une passerelle de fortune.

La deuxième catégorie comprend :

a) Chemin de Toffo-Codji, Diguiridé-Dodji ;

b) Chemin de Toffo-Sitopa-Kissa, Houanzouko ; de Houanzouko on va sur Sinhoué ou sur Cana.

Le premier traverse la Lama sur une longueur un peu plus grande que le deuxième, qui chemine dans le marais sur une étendue d'environ 12 kilomètres ; mais tous les deux doivent franchir le Sito, ruisseau sans importance à la saison sèche, mais qui grossit extraordinairement à l'époque des crues, et dont le fond vaseux nécessiterait la construction d'un véritable ouvrage d'art pour que le passage ne soit jamais emporté.

B. — Vers l'ouest, et partant de Ouagbo, deux chemins aboutissent l'un et l'autre à Massi, puis vont rejoindre le chemin central à Zobodomé. Celui qui passe près de Cerhoué est préférable à l'autre, car il traverse la Lama sur une largeur bien moindre. Mais tous les deux ont à franchir le Dô, le Loué, le Dâ, le Hôo, cours d'eau qui présentent tous les mêmes caractères que le Sito, peut-être même à un plus haut degré. L'aménagement de ces chemins, en vue de créer

un passage sûr, accessible en tout temps, même aux nautes eaux,
exigerait donc de nombreux et importants travaux d'art ; avec ces

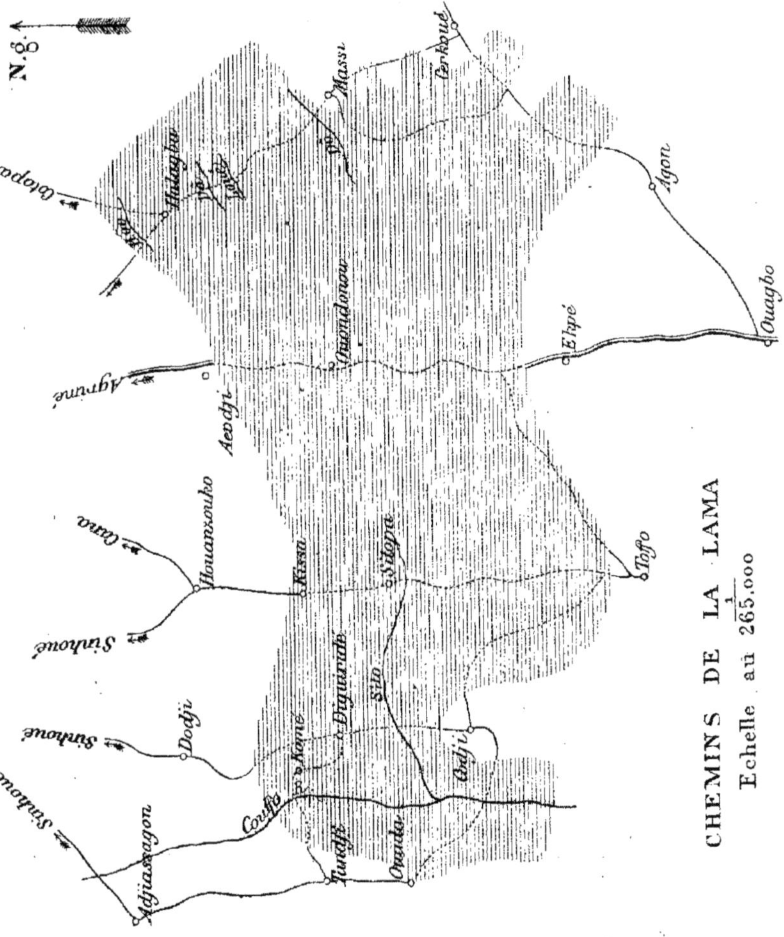

ruisseaux, sujets subitement à de fortes crues, de simples passerelles
ne peuvent, en effet, suffire.

QUATRIÈME PARTIE.

ROYAUME D'ABOMEY.

CONFÉDÉRATIONS DES MAHIS.

L'histoire de l'ancien royaume d'Abomey, c'est-à-dire celle du Dahomey, ne peut trouver place dans cette étude ; c'est un sujet trop vaste, qui mérite d'être traité à part.

On fera seulement remarquer que ce petit royaume était un des plus puissants de l'Afrique occidentale.

Les Dahoméens sont intelligents et courageux ; ils avaient une Constitution solidement établie, une organisation sociale relativement perfectionnée et des guerriers armés de fusils à tir rapide et même à répétition, formant une espèce d'armée permanente à laquelle venaient s'accoler les contingents nationaux ou fournis par les États vassaux. Aussi étaient-ils arrivés à faire rapidement la conquête de la plupart de leurs voisins.

Les événements de 1892 et 1893 sont trop récents pour qu'il soit nécessaire de les rappeler. Après la conquête entière du pays, le prince Goutchili, frère aîné de Béhanzin, proclamé déchu du trône en décembre 1892, a été élu, le 15 janvier 1894, roi du Dahomey par les membres de la famille royale, les chefs [1] et les habitants sous le nom de « Agoliagbo-Allada-klen-afo-majaï-Francé-oniouguimo », devise qui signifie : « Dahomey prends garde, Allada [2] trébuche mais ne tombera pas, car la France le soutient ».

Limites. — L'ancien royaume d'Abomey a été démembré en deux royaumes distincts : Abomey et Allada.

Les limites actuelles du royaume d'Abomey, définies par l'article 3 du traité du 29 janvier 1894 [3], sont les suivantes :

Au nord, le petit Couffo, le Zou, le Paco, le village et terrains de

---

[1] Les chefs indigènes sont appelés *cabécères*, du mot « cabéceïro », qui, dans l'idiome portugais parlé à la côte, signifie « à la tête de... ». Dans la langue du pays, chef se dit « gan » (yévogan), etc.

[2] Sous le nom d'Allada, il faut entendre la maison royale du Dahomey, qui, en effet, descend de l'ancienne famille du royaume d'Ardres.

[3] Voir l'appendice n° 2.

culture de Gounsoué, qui dépendent de ce royaume; à l'est, l'Ouémé;
au sud, une ligne brisée passant par les villages de Tandji, Dassa,
Kissa, Aévédji, Halagba, Lomé, Massi, Han, Aouangitomé, qui forment à peu près la limite nord de la Lama et appartiennent au
royaume d'Abomey; à l'ouest, le Couffo. Toutefois, les villages situés
sur la rive droite du Couffo jusqu'à la ligne Lahomé-Tokamé-Aou-
féta-Tandji, sont dépendants du royaume d'Abomey.

Ce même traité spécifie que les cours de l'Ouémé et du Couffo
demeurent neutres dans toute leur étendue; il place le royaume
d'Abomey sous notre protectorat, l'ouvre au commerce et à la civilisation et abolit les sacrifices humains.

GÉOGRAPHIE PHYSIQUE.

Le plateau d'Abomey est d'une altitude moyenne d'environ
80 mètres. Sa formation et sa composition sont identiques à celles
du plateau d'Allada, mais la couche d'alluvions y est plus épaisse;
au poste de Goho, on a creusé jusqu'à 38 mètres de profondeur sans
trouver de banc rocheux.

Les limites de ce plateau sont nettement marquées par le Zou, la
Lama et le Couffo. Elles formaient jadis, vers le XVIIe siècle, la
frontière du Dahomey, qu'on désignait alors sous le nom d' « Agbo ».

Plus au nord, s'élève le plateau des Mahis, adossé aux hauts plateaux qui forment la ligne de faîte entre les bassins côtiers et celui
des affluents du Niger. Se trouvant tout près du centre de soulèvements, ce plateau a subi de fortes dislocations. Il est, sur plusieurs
points, sillonné de lignes continues de hauteurs et présente en divers
endroits des massifs rocheux isolés, émergeant brusquement du
milieu de la plaine.

Les lignes de soulèvements paraissent être au nombre de quatre;
elles sont orientées du nord au sud, en formant légèrement l'éven-
tail dans leur partie méridionale; elles présentent toutes les mêmes
caractères : une série de pitons, d'une altitude moyenne de 300 mètres environ, recouverts d'herbes et d'arbres rabougris. Des affleurements de granit apparaissent à leur sommet et sur les flancs. Vers
le sud, les sommets diminuent d'altitude et l'inclinaison des pentes
s'adoucit; les vallées, étroites et encaissées dans le nord, s'élargis-
sent; les dernières pentes de ces hauteurs finissent assez brusque-

ment sur des plaines marécageuses, complètement inondées dans la saison des hautes eaux.

Le centre de soulèvement paraît devoir se trouver vers 9°30′ de latitude.

De l'est à l'ouest, on trouve d'abord la ligne de hauteurs qui sépare l'Ouémé de l'Agbado, puis du Zou. Elle comprend les monts du pays de Dassa, sur les sommets desquels sont construits la plupart

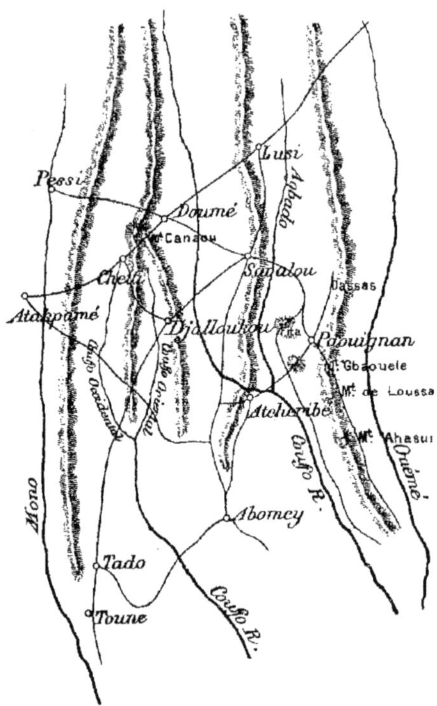

CROQUIS SCHÉMATIQUE DE
L'OROGRAPHIE DU Hᵗ DAHOMEY

des villages de la confédération des Dassas. Cette chaîne se prolonge jusque dans la région d'Agony par une série de hauteurs dont les plus remarquables sont les monts de Paouïgnan, le mont de Loussa et le mont Ahasui. Au sud de l'Agony, on ne retrouve plus que de légères ondulations qui finissent en pente douce et au-dessus des marais formés par le confluent de l'Ouémé et du Zou.

Vient ensuite la ligne de soulèvements qui sépare l'Agbado du Zou ; on y remarque le mont Ouohongo et la montagne de Savalou, qui domine le village du même nom d'environ 130 mètres.

Cette ligne de hauteurs est à peu près suivie par le chemin direct d'Abomey à Savalou ; elle présente une étroite échancrure où passe le Zou et s'efface insensiblement au sud de Badagba.

La troisième chaîne sépare le bassin du Zou de celui du Couffo. Au mont de Canaou, le soulèvement s'est produit dans deux directions faisant entre elles un angle d'environ 20° ; la branche orientale est formée par les monts de Djalloukou ; la branche occidentale comprend le mont de Chetti, où le Couffo prend sa source, et se prolonge vers le sud par une série de pitons très réguliers qui séparent le Couffo oriental du Couffo occidental.

Enfin, le quatrième soulèvement sépare le bassin du Couffo de celui du Mono. Ces hauteurs sont encore peu connues ; leur dernier contrefort forme le mont de Tado.

Entre ces chaînes de hauteurs s'élèvent, dans la plaine, d'importants massifs généralement rocheux et à pentes escarpées tels que le Fita et les monts de Gbaouélé.

Le Fita est situé dans la plaine de l'Agbado, à 7 kilomètres environ au nord de Bédavo ; sur le sommet sont construits les villages de Guéna et Fita, d'où le point de vue est magnifique : on domine la plaine d'environ 100 mètres.

Les monts de Gbaouélé s'élèvent près de Gouvelin, un peu au sud du chemin de Zounveï-Honou à Paouïgnan. Ce sont d'énormes blocs de granit taillés presque à pic et que l'on prend de loin pour de vastes châteaux forts. Complètement dénudés, ils sont noircis par l'intense chaleur du soleil. Les trombes d'eau ont déchiqueté leurs flancs comme si jadis des torrents impétueux avaient jailli de leur sein.

Au sud de cette région fortement accidentée, le plateau d'Abomey est en général uniformément plat ; de légères secousses, dernières répercussions des soulèvements dont on vient de parler, l'ont seulement plissé dans la partie occidentale, formant de petites vallées où coulent des ruisseaux clairs et limpides et mettant à jour à certains endroits des blocs de granit, seuls indices de la constitution géologique du sol. A l'est, le plateau se termine assez brusquement au-dessus de la vallée du Zou.

Aspect général. — Le pays est complètement différent de celui du plateau d'Allada. Au lieu de la grande forêt, on trouve un terrain généralement découvert où poussent des herbes hautes de 3 à 4 mètres. L'eau est rare à la partie centrale ; on n'en trouve guère que dans des mares qui, dès la fin de la saison des pluies, ne tardent pas à devenir boueuses et à se dessécher. Aussi les habitants sont-ils obligés de confectionner un grand nombre de jarres qu'ils font remplir au moment des pluies et conservent précieusement à l'abri. Le nombre de ces récipients trouvés à Abomey est incalculable. N'ayant pas d'écoulements, l'eau forme en certains endroits des marais très difficiles à passer à la saison pluvieuse et qui, généralement, se dessèchent en décembre.

La partie occidentale de la région d'Abomey est la plus belle et la plus fertile de tout le Dahomey ; les petites vallées qu'on y trouve rompent la monotonie qui règne dans les plaines interminables qu'on rencontre presque partout ailleurs. Les villages, construits sur des collines de faible hauteur, sont entourés d'un bouquet de palmiers que l'on voit de très loin.

Cours d'eau. — Les plus importants sont : l'Ouémé et son affluent le Zou et le Couffo.

I. *Ouémé.* — L'Ouémé ou Ono prend sa source dans des régions qui n'ont pas encore été explorées. Il coule d'abord vers le sud-est jusqu'au parallèle 8° 20', puis il prend la direction générale nord-sud, qu'il conserve jusqu'à son embouchure dans la lagune côtière.

C'est un fleuve important ; à hauteur de Ouéssé, il a déjà 100 mètres de large, et, au moment des pluies, il roule une quantité d'eau considérable.

Son cours est en entier situé sur le territoire soumis à notre influence. Comme tous les fleuves des régions équatoriales, il est sujet chaque année à des crues produites par la saison pluvieuse ; elles ont habituellement lieu en septembre ; les eaux restent grosses pendant trois mois.

La vallée supérieure de l'Ouémé, du moins dans la partie connue jusqu'à ce jour, n'est pas resserrée ; le fleuve s'est fait un lit au milieu d'un grand plateau dont l'altitude ne dépasse pas 200 mètres à hauteur de Ouéssé et 100 mètres vers Agony. A Ouéméton les deux rives deviennent marécageuses; la rive droite conserve ce caractère jusqu'à la lagune de Porto-Novo. Sur la rive gauche, au contraire, court à partir d'Adégon une ligne de hauteurs de faible altitude.

Dans le Nord les berges sont escarpées et le fond est presque partout formé d'énormes blocs de granit ou de quartz amoncelés sur certains points en barrages qui rendent la navigation difficile et dangereuse, même aux hautes eaux. Au fur et à mesure qu'on descend vers le Sud, les rochers sont de plus en plus rares et le lit devient sablonneux.

Le dernier grand seuil de rochers est à Diahanou près de Samio (nord-est d'Agony).

Aux hautes eaux, les grandes pirogues peuvent remonter jusqu'à hauteur de Savé et les canonnières jusqu'au seuil de Diahanou. Un fort courant, qui atteint jusqu'à six nœuds, rend cependant la montée des embarcations lente et pénible.

Dès que les eaux commencent à baisser, les difficultés de la navigation apparaissent à partir de Dogba. Les barrages dans le cours supérieur, les seuils de sable, les arbres coulés, les îlots d'herbes dans le cours inférieur rendent la navigation difficile même pour les petites pirogues. A la saison sèche les canonnières ne peuvent remonter que jusqu'à Danou et les petites pirogues atteignent assez difficilement Adégon. A hauteur de Djebé (30 kilomètres au sud de Ouessé) on passe alors le fleuve à pied sec.

L'Ouémé est la grande voie commerciale de nos possessions du Benin. Aux colonies, les distances à franchir pour amener les produits à la côte sont en général tellement grandes qu'il faut que le transport ne coûte presque rien pour que ces produits puissent arriver sur les marchés d'Europe à des prix rémunérateurs; les voies fluviales sont donc les seules voies de transport possible.

C'est ainsi que des factoreries situées loin de toute rivière importante, celles de Ouïdah par exemple, ne reçoivent pas un gallon d'huile des régions situées au delà d'Allada qui est cependant à moins de 40 kilomètres de la côte. Dès qu'on emploie en effet la voie de terre, le transport devient immédiatement très onéreux : pour faire traîner une tonne d'huile de Ouïdah à Ouïdah plage, c'est-à-dire à 4 kilomètres environ, il faut payer 7 fr. 50.

On peut objecter que l'Ouémé n'est navigable chaque année dans la partie supérieure de son cours que pendant un laps de temps assez court; mais les maisons de commerce pourraient choisir près du fleuve, et à portée des régions habitées et riches en produits du pays, des centres d'échange, sortes d'entrepôts où les marchandises à exporter seraient déposées pendant la saison sèche; aux hautes eaux on les dirigerait presque sans frais sur Porto-Novo ou Cotonou.

Affluents de l'Ouémé. — Outre le Zou dont on parlera plus loin, l'Ouémé reçoit un grand nombre d'affluents dont les plus importants dans la région connue sont : l'Ocpa et le Zou :

1° L'Ocpa descendrait, d'après les indigènes, d'une région située au nord de Liki (Bariba) et resterait continuellement sur le territoire soumis à notre influence. Cette rivière a 50 mètres de large à hauteur de Gaginou et double presque le volume des eaux de l'Ouémé; son lit est encaissé et rocheux, elle paraît peu se prêter à la navigation;

2° Les sources du Zou n'ont pas encore été explorées, on sait cependant qu'il descend d'un plateau élevé appelé « Tzara » par les gens du pays et situé à cinq journées de marche au nord-ouest de Savalou [1]. Le Tzara doit faire partie de cette série de hauts plateaux, prolongement de ceux de Kong, qui forment la ligne de faîte et de partage des eaux entre le bassin du Niger et les cours d'eau qui vont se jeter dans l'Océan sur la côte des Esclaves.

C'est une rivière importante, au 8e degré elle a déjà 8 mètres de large; cette largeur devient ensuite de 40 et même 50 mètres.

Le régime de ses eaux est le même que pour l'Ouémé; la crue atteint jusqu'à 10 mètres, mais les eaux baissent rapidement et à la saison sèche son lit est presque à sec.

Un fort courant, des coudes brusques, des seuils de rochers, des arbres inclinés vers le lit rendent difficile la navigation aux hautes eaux. Néanmoins, au cours de la colonne 1893-1894 les canonnières ont pu remonter le Zou jusqu'à hauteur de Bégohonou; elles auraient sans doute pu aller plus haut si on avait eu à cette époque une connaissance exacte de la rivière. Le courant, très violent, rend excessivement difficile la marche des pirogues à la montée.

Après une baisse des eaux de 6 à 7 mètres, les seuils de rochers

---

[1] Le pic de Tsarara, indiqué sur la carte d'Afrique du Service géographique de l'armée, d'après Skertchey, est complètement inconnu des indigènes. L'altitude de 3,000 pieds, qui lui est attribuée, est très supérieure à celle du plateau de Tsara.

ne permettent plus le passage des canonnières; si cette baisse augmente encore de 0m,50 à 1 mètre, la montée des pirogues n'est même plus possible.

Le Zou est encaissé, de sorte qu'aux basses eaux pour le passer à gué, on doit franchir des berges de 5 à 6 mètres presque à pic. Le lit est rocheux et sablonneux à certains endroits, les sables contiennent une forte proportion de quartz et de mica.

Il coule d'abord du nord au sud, se redresse à hauteur d'Atchéribé en prenant franchement la direction ouest-est et après avoir dépassé l'ancien camp dahoméen de Zounveï-Honou, coule du nord-ouest au sud-est, direction qu'il conserve jusqu'à son confluent avec l'Ouémé.

La vallée supérieure est assez resserrée entre les monts de Savalou et le soulèvement qui passe par Chetti et Djalloukou. La rivière traverse la première chaîne par une étroite échancrure, un peu au nord de Badagba et coule ensuite entre le prolongement du soulèvement des Dassas et le plateau d'Abomey.

Le versant oriental de ce plateau assez brusque est formé par une série d'éperons dont la pente finit à 3 ou 4 kilomètres du Zou. La ligne de hauteurs de la rive gauche se termine sur la vallée par des pentes extrêmement douces à une distance à peu près égale du lit de la rivière.

La vallée a donc une largeur d'environ 6 kilomètres. Le sol qui la forme est marneux, le granit affleure par places; elle est marécageuse et presque complètement inondée aux hautes eaux.

Elle présente des dépressions parallèles au cours de la rivière où le Zou se déverse en plusieurs points, formant ainsi un second cours d'eau parfois plus difficile à traverser que le Zou lui-même (par exemple au point d'Abodougnanli).

Au fur et à mesure qu'on descend vers le sud, les hauteurs situées sur les rives diminuent d'élévation et s'écartent de plus en plus du lit de la rivière, l'étendue des marécages augmente, et, au confluent de ce cours d'eau avec l'Ouémé, près d'Adégon, le pays n'est plus qu'une vaste plaine marécageuse.

Affluents du Zou. — Les affluents de la rive droite sont peu importants. Les principaux sont : le petit Couffo qui sert de limite au royaume d'Abomey et de Sana. Près d'Adégon au village de Gamé se détache un bras de la rivière qui la joint avec l'Ouavimé; c'est le

Zouga dont le passage coûta, le 6 octobre, à la colonne de 1892 un sanglant combat.

Les principaux cours d'eau que reçoit le Zou sur la rive gauche sont :

a) Le ruisseau de Batem où coule à la saison sèche un petit filet d'eau ;

b) L'Agbado ;

c) Le Paco, qui sert de limite au royaume d'Abomey ;

d) Le Zoumon ;

e) L'Ellé.

L'Agbado est de beaucoup le plus important de tous. Cette rivière descend des hauts plateaux, passe non loin de Savalou, coule du nord au sud, séparée du Zou par le soulèvement que longe le chemin d'Abomey à Savalou, et se jette dans le Zou un peu au-dessus d'Atchéribé.

Elle traverse l'immense plaine comprise entre les monts de Dassa et ceux de Savalou au milieu de laquelle se dresse le massif du Fita et que sillonnent de nombreux affluents et sous-affluents. Son cours a un développement de plus de 120 kilomètres, son bassin est séparé de celui de l'Ouémé par le soulèvement des Dassas.

L'Agbado reçoit sur la rive gauche le Klou qui descend du mont Ségui et le Louto qui passe près de Bédavo après avoir reçu divers affluents qui prennent naissance pour la plupart dans le Fita.

Sur la rive droite, l'Agbado est grossi par l'Azoka que traversent les chemins Savalou, Djalloukou, Savalou, Abomey.

II. *Couffo*. — Le Couffo est formé par la réunion de deux cours d'eau, le Couffo occidental et le Couffo oriental, identiques d'aspect, de même importance et de même longueur. Ils descendent du mont de Chetti de part et d'autre d'une roche granitique, coulent parallèlement du nord au sud, séparés par une distance d'environ 5 kilomètres et se réunissent à 3 kilomètres au sud d'Agouna, après un parcours d'environ 40 kilom. pour former le Couffo proprement dit.

Le lit de ces deux ruisseaux large de 4 à 5 mètres est sablonneux, il n'y a pas de courant à la saison sèche, on y trouve seulement des trous d'eau.

Le Couffo, proprement dit, suit d'abord la direction nord-sud jusqu'à hauteur de Djidja et prend ensuite la direction générale nord-ouest-sud-est jusqu'à Tandji.

Il a une largeur moyenne de 8 à 12 mètres ; aux hautes eaux la crue atteint jusqu'à 7 mètres. Ses rives sont des berges de 1^m,30 à 1^m,80 de hauteur, elles sont bordées d'arbres élevés et touffus.

Le lit est généralement sablonneux, il présente de nombreuses dépressions de 1 à 2 mètres de profondeur et des seuils de rochers qui atteignent jusqu'à 2 mètres de hauteur.

A la saison sèche, le Couffo est à sec dans la partie supérieure de son cours ; jusqu'à Djidja on n'y trouve que de rares flaques d'eau. Plus au sud, les dépressions dont on vient de parler demeurent toute l'année remplies d'eau, mais ce n'est qu'à partir de Moïmby qu'il existe un courant, assez faible d'ailleurs.

L'époque des crues comme pour l'Ouémé et le Zou est le mois de septembre. Les eaux restent grosses durant environ un mois puis elles baissent rapidement.

Pendant la crue un courant très violent rend très pénible sinon impossible la marche ascendante des pirogues ; aux moyennes et basses eaux, les rochers qui émergent du lit de la rivière ferment complètement le passage aux embarcations, de sorte qu'on peut dire que le Couffo n'est pas navigable dans cette partie de son cours. Du reste il n'existe pas une seule pirogue dans toute la région, et de mémoire d'homme ce genre de locomotion n'a jamais été employé.

Dans la partie supérieure la vallée est assez resserrée, elle ne tarde pas à s'élargir, et les versants deviennent de longues croupes dont la pente presque insensible vient mourir doucement sur les berges de la rivière.

Ces croupes forment de longs plateaux orientés généralement du nord au sud, ils sont dénudés ou couverts d'arbres rabougris et clairsemés lorsqu'ils ne sont pas cultivés, les hautes herbes brûlées par le soleil les font ressembler de loin à de vastes champs de blé mûri, mais le lit de la rivière se reconnaît de très loin à la bande étroite de verdure qui le longe sur chaque rive.

A partir d'Affomaï, les hauteurs de la rive droite s'élèvent pendant quelques kilomètres et se rapprochent de la rivière, elles ne tardent pas à s'abaisser ; mais elles conservent ce double caractère : commander la rive gauche et longer de près le lit du fleuve, ce qui explique que la rive droite ne devient marécageuse qu'à hauteur de Tandji.

Sur la rive gauche, au contraire, les hauteurs s'abaissent plus rapidement et s'écartent de plus en plus du cours d'eau pour aller contourner au nord la Lama; aussi à partir de Sahé-Loupé trouve-t-on de nombreux marécages qui rendent l'accès de la rivière très difficile, et à l'époque des crues les eaux couvrent cette rive sur une largeur de 200 et même 300 mètres.

Affluents du Couffo. — La ligne de faîte des hauteurs de la rive droite étant plus rapprochée du fleuve que celle des hauteurs de la rive gauche, les affluents que le Couffo reçoit à droite ont une importance et un développement bien moins grands que ceux de la rive gauche. Parmi les premiers, on citera l'Ocpo et le Lahomé qui conservent un peu d'eau à la saison sèche.

Les principaux affluents de la rive gauche sont : le Dra, l'Ouo, grossi du Mono, l'Adjao qui reçoit l'Acbla, l'Adjaoua, le Sahé et le Codébacou. Tous ces cours d'eau arrosent la région ouest d'Abomey; leur lit n'est jamais complètement à sec, il est en général bordé d'arbres toujours verts qui font deviner de loin leur présence, et l'eau qu'on y trouve est potable et fraîche.

Le Sahé et le Codébacou sont alimentés chacun par une source qui sort du flanc d'un petit coteau tapissé de verdure; des arbres élevés et touffus, entremêlés de lianes et de palmiers, couvrent d'un ombrage épais le petit filet d'eau et lui conservent ainsi sa limpidité et sa fraîcheur; les singes, les perroquets et une foule d'oiseaux aux couleurs éclatantes animent et égayent ce paysage, un des plus beaux du Dahomey.

POPULATIONS. — PRODUCTIONS. — INDUSTRIES.

A. — Dahomey.

Principaux centres. — Abomey est une déformation du mot « Agbomé » qui signifie territoire du Dahomey. (« Agbo », terme ancien pour désigner le Dahomey; « mé », suffixe qui veut dire territoire.)

Le 16 novembre 1892, la ville a été entièrement incendiée par Béhanzin, au moment de sa fuite vers le nord. Pendant toute l'année 1893, elle est restée entièrement déserte; la garnison était établie dans un des palais incendiés. Goho, situé en dehors, à 1400 mètres de l'entrée est et qui, par la disposition de son enceinte, son étendue et les dehors de ses constructions, se prêtait à l'organisation d'un poste très solide.

Tout le reste de la ville et les faubourgs constitués par d'immenses palais bâtis par les anciens rois, s'étaient peu à peu couverts d'une brousse inaccessible; seul le chemin de Goho à la source Dido qui traverse la ville dans toute sa longueur (environ 2^k 1/2) était resté frayé, étant parcouru chaque jour par les corvées d'eau.

Un village d'un millier d'habitants s'était reconstitué autour du poste; il était peuplé de nagots, esclaves échappés aux Dahoméens et réfugiés sous la protection du drapeau français.

Ces nagots ont été renvoyés dans leur pays d'origine au commencement de janvier, alors que l'intronisation d'un nouveau roi était imminente, afin d'éviter qu'ils ne fussent repris par leurs anciens maîtres.

Pendant toute l'année 1893 ces nagots ont été utilisés comme porteurs pour les transports du ravitaillement du poste qu'on amenait de Ouïdah, et surtout pour la corvée d'eau.

On a essayé, au cours de la campagne, d'employer un certain nombre d'entre eux comme auxiliaires armés. Leur manque de courage et leur amour immodéré du pillage ont fait qu'ils n'ont rendu aucun service réel.

Dès sa reconnaissance par le Commandant supérieur, au nom de la France, le nouveau roi a commencé le nettoyage de sa capitale, achevé aujourd'hui, et la restauration du plus important des palais, celui de Cimbodji. Mais la reconstruction de la ville exigera un travail très long, d'autant plus que les esclaves, qui autrefois étaient innombrables, se sont en très grande partie enfuis pendant les dix-huit mois de guerre. Abomey s'est en partie repeuplé. Mais le moment est encore bien éloigné, sans doute, où la ville aura repris la splendeur relative qu'ont décrite les rares voyageurs qui l'ont autrefois parcourue.

Le poste militaire et la demeure du Résident de France ont été transférés, en février 1894, de Goho dans la partie nord-ouest de la ville, plus près du palais du roi et aussi de la source Dido, la seule qui existe dans les environs.

Il en est de plusieurs centres importants comme d'Abomey : florissants et peuplés avant la guerre, ils ont été brûlés et abandonnés lorsque nos troupes entrèrent dans la capitale de Béhanzin.

Pého, Zanza, Tandji, Allahé, sont de grands palais en ruines qui, de même qu'Abomey, retrouveront avec la paix leur ancienne splendeur.

A côté de ces lieux, demeures royales pour la plupart, il existe des régions importantes par leur fertilité et l'agglomération de population qu'on y trouve. On citera les suivantes :

1° *Gboli.* — Cette région est à environ 15 kilomètres au sud-ouest d'Abomey. Elle est formée par une douzaine de villages tous très peuplés, et situés à peu de distance les uns des autres dans des bouquets de palmiers;

2° *Oumbégamé.* — Elle comprend onze villages dont les plus importants sont : Zoumé, Zoucou, Aïobé, Ouacou et Oumbégacou.

Cette région se trouve à une quinzaine de kilomètres au nord d'Abomey; elle est très fertile, malheureusement l'eau y est rare;

3° *Agony.* — Ce pays est situé entre l'Ouémé et son affluent le Zou. Il est formé d'une série de centres peuplés et bien cultivés qui se divisent en quatre cantons :

1° *Agony-Québo.* — Il comprend, en outre, les villages de Zagnanado, Don Tan, Gbodoromé, Gbanamé, Doga, Ouéméton et Agombo.

Zagnanado possède deux palais de très grandes dimensions. Le plus grand appartenait au roi et servait principalement comme centre de réunion à l'armée lors des expéditions sur la rive gauche de l'Ouémé. On y trouva, lors de l'occupation, le fétiche de l'Agriculture : gros homme assis avec une pioche sur l'épaule et dont la tête est couverte de plumes.

Le plateau d'Agony est sillonné sur ses bords de vallons étroits et profonds, à flancs abrupts; le fond est généralement occupé par un ruisseau d'une eau très limpide jaillissant avec force d'une source placée à la tête du ravin et au milieu des rochers. Au bout de quelques centaines de mètres, ces ruisseaux rejoignent l'Ouémé et le Zou ou se perdent dans les marais formés par ces rivières.

Ces ravins sont entièrement fourrés et garnis de très grands arbres. Leur présence empêche absolument de suivre les crêtes du plateau à faible distance des rivières.

L'eau qu'ils abritent est généralement très bonne; quelquefois cependant, comme près d'Agony-Québo, sulfureuse et thermale.

Le plateau lui-même est absolument sans eau.

Zagnanado est situé sur un mamelon aux pentes très douces, au milieu de champs fertiles et bien cultivés : c'est un des endroits les moins malsains du Dahomey ;

2° *Agony-Don*, avec les villages de Donzoumé, Dorihobé, Doridoré et Doribamé ;

3° *Agony-Aguédodji*, comprenant les villages de Samodjy, Abogomey, Opala, Bégohomé ;

4° *Agony-Cové*, qui comprend les villages de Cové, Zoguédébon, Lanhila, Zoba, Toué, Adahoué, Nagohou, Zoumon, Bégohonou.

Parmi ces derniers villages, plusieurs se trouvent dans la plaine marécageuse du Zou et de l'Ouémé, et sont inondés à l'époque des hautes eaux.

La région d'Agony est très riche ; Béhanzin en a longtemps tiré la majeure partie de ses ressources. Aussi, l'occupation de ce point par nos colonnes, dès le début de la dernière campagne, a-t-elle porté un coup funeste à la puissance et au prestige qu'avait encore l'ex-roi.

Enfin, indépendamment de ces régions, le royaume d'Abomey compte un grand nombre de centres importants tels que Tandji, Adjiassagon-Dagi sur la rive droite du Couffo ; Sinhoué, Souarapa Didja sur la rive gauche de la même rivière.

Populations. — On ne reparlera pas de la race dahoméenne (Djedjis), on a suffisamment fait ressortir plus haut les caractères distinctifs qu'elle présente. La guerre était dans ce pays un moyen normal d'existence ou de fortune, on ramenait des femmes, des esclaves et des victimes pour les coutumes (sacrifices à la mémoire des ancêtres du roi). Aussi, jusqu'à ces derniers temps y avait-il au Dahomey un grand nombre de nagots, butin des expéditions annuelles que faisaient les Dahoméens.

La présence de nos colonnes a suffi pour que la plupart de ces malheureux aient pu recouvrer la liberté et rentrer dans leur pays.

Pendant la guerre de 1892, la population d'Abomey et celle des environs a fui devant la colonne française pour aller s'établir soit à Atchéribé même, où a été improvisé un camp immense, soit dans les villages situés entre Abomey et la nouvelle résidence de Béhanzin.

Pendant la dernière campagne, tous les habitants de Zourveïhonou et d'Atchéribé, à l'imitation de l'ex-roi, se sont enfuis devant nos colonnes, formant à leur départ une immense caravane. La troupe s'est éparpillée peu à peu, se cachant dans la brousse ou rentrant dans les villages au sud du Zou, et Béhanzin a continué sa course, accompagné seulement de quelques gens, ce qui rendait sa piste bien plus difficile à découvrir.

Lorsque les colonnes ont parcouru le pays en tous sens, que des postes l'ont occupé presque entièrement, la population en général est restée calme et tranquille dans les villages. Si à certains endroits elle s'est sauvée dans la brousse à notre approche, elle n'a pas tardé à regagner ses cases.

Production. — Les productions sont à peu près les mêmes que sur le bord de la côte, elles consistent principalement en maïs, igname, manioc, haricots. L'huile de palme, la grande ressource du pays, devient de plus en plus rare au fur et à mesure qu'on monte vers le Nord; néanmoins, la limite absolue du palmier à huile est un peu au nord d'Atchéribé, aux environs du parallèle 7°35'; en revanche, on voit apparaître dans cette région l'arbre de Karité qui donne le beurre végétal. La partie nord des plateaux d'Agony et d'Abomey est couverte de véritables forêts de cette essence; il en est de même dans le pays des Mahis.

Commerce. — Le Dahomey fait un important commerce sur la côte. La branche la plus rémunératrice était jadis la traite des esclaves que l'on dirigeait par troupeaux vers Tory et Savi, en suivant la route du centre de la Lama. Là, on les enfermait dans des cases étroitement surveillées et on les dirigeait rapidement sur le point de la côte où le bateau venait mouiller. Le commerce des esclaves a continué sur une échelle naturellement plus modeste jusqu'en 1892. Le payement, dans ces dernières années, se faisait en armes à tir rapide et munitions de guerre dont on a, au cours de la campagne de 1893, trouvé et détruit des quantités considérables. Les maisons de commerce inscrivaient sur leurs factures un esclave-homme comme correspondant à une valeur de 400 francs.

Les Dahoméens venaient acheter dans le Sud les produits européens, tabac, sel, étoffes, etc., etc., qu'ils revendaient en partie aux peuplades voisines, celles du nord-est, principalement en échange d'ivoire, de noix de kola, etc.

Industries. — Les rois du Dahomey étaient parvenus à avoir d'habiles ouvriers qui travaillaient non seulement le bois, mais encore tous les métaux, argent, or, etc. Au cours des deux dernières colonnes, on a trouvé des objets remarquables, en particulier d'assez nombreux bas-reliefs en terre, dans les palais de Zagnanado et d'Abomey, qui dénotent un art véritable.

Animaux domestiques. — Le pays possède des bœufs et des chevaux. Les bœufs, propriété exclusive du roi, sont petits, leur robe est noire ou tachetée de blanc. Béhanzin en avait un troupeau considérable qui est tombé entre nos mains.

Les chevaux sont également de petite race, leur taille ne dépasse pas 1^{m},10 au garrot. Ils ont la tête bien faite, assez semblable à celle du cheval arabe, mais elle est trop grosse pour le reste du corps. La ligne du dos est bien, mais la croupe est défectueuse et la queue mal attachée; enfin ils sont en général panards du devant et du derrière. Ils sont très sobres, et leurs jarrets solides leur permettent de passer par les plus mauvais chemins. Au cours de la dernière colonne, on a pris une vingtaine de ces petits chevaux; il n'y en avait guère plus dans tout le Dahomey. Le Dahoméen est piéton par excellence; le roi seul allait en hamac, et ces petits chevaux servaient à quelques cabécères qui ne les montaient qu'avec infiniment de précautions: un homme menait le cheval par la bride, un autre à droite et un à gauche du cavalier soutenant celui-ci pour prévenir les chutes.

B. — Confédérations des Mahis.

Les Mahis forment, au nord du Dahomey, plusieurs Confédérations qui obéissent chacune, nominativement du moins, à un seul et même chef.

1. *Confédération de Savalou.* — C'est la plus importante de toutes, elle a pour chef le roi Baguidi.

Savalou, à 200 mètres environ d'altitude, est un gros village de 200 cases presque toutes construites en terre de barre; il est situé au pied d'une montagne, au fond d'un hémicycle de hauteurs s'ouvrant vers le sud. C'est le lieu de résidence de Baguidi et le chef-lieu de la Confédération.

Le royaume de Savalou comprend en outre les villages de Losi.

Coutago, Medji, Agoua, Ouagoudo, Aclancpa, Assauté, Oko, Thio, Diagbalo et Bobé.

Tous ces petits centres paraissent d'ailleurs vivre chacun dans un état d'indépendance à peu près complet.

Les relations de village à village sont très peu fréquentes dans ce pays si peu habité, où les localités sont à des distances considérables l'une de l'autre; chacun vit chez soi, se contentant de peu et ne demandant à la terre que ce qui est nécessaire pour assurer sa nourriture. Chaque case a son troupeau de chèvres ou de moutons et sa petite basse-cour. Le roi possède, en outre, des troupeaux de bœufs de la race d'Atakpamé et de Pessi. Ces animaux ont la robe blanche parfois tachetée de noir et sont de grande taille. Il y en avait, paraît-il, de très gros troupeaux avant les razzias des Dahoméens.

Le pays produit de l'igname, du manioc, du maïs et surtout du mil. Le palmier à huile ne se rencontre plus, les habitants vont acheter l'huile de palme au marché de Badagba et de Dona. Ils se servent surtout pour les usages culinaires du beurre de karité que l'on ne fabrique cependant pas sur place, bien que l'arbre abonde dans le pays, mais que l'on va chercher à Doumé, Pessi et Atakpamé.

Le sel s'achète à Djalloukou qui le reçoit d'Agouna et de Tado. Les hommes se procurent les fusils à pierre et la poudre à Tado, Toune, voire même à Athiémé.

11. *Confédération de Djalloukou.* — Elle est située à l'ouest de Savalou; moins importante que la précédente, elle comprend de vastes territoires presque déserts.

Son chef, Noukoumoké, réside à Djalloukou, à 30 kilomètres au sud-ouest de Savalou et à 60 kilomètres au nord-ouest d'Abomey.

Djalloukou est un beau et gros village qui n'a pas moins de 300 cases construites en barre et bien entretenues. Ce village est remarquable par sa propreté, tout y respire l'aisance malgré les pillages fréquents que les habitants ont eu à subir de la part des Dahoméens. Comme à Savalou, les ressources en vivres consistent en ignames, manioc, maïs, mil, beurre de karité; beaucoup de moutons, de chèvres et de volailles, des porcs également et un beau troupeau de bœufs.

On fabrique avec le mil une boisson fermentée, sorte de bière dont les indigènes sont très friands.

Les autres localités dépendant de Djalloukou sont : Dialouma, Chetti, Canaou, Doumé :

1º *Dialouma*, à 1 heure 1/2 seulement de Djalloukou, sur le sentier qui conduit à Tado, est beaucoup plus important que Djalloukou, mais présente les mêmes particularités ;

2º *Chetti* est situé au pied d'une montagne, non loin des sources du Couffo, sur la route d'Atakpamé ;

3º *Canaou* est bâti de même sur la route qui conduit de Chetti à Doumé ;

4º *Doumé* est une grosse localité qui compte, prétend-t-on, 600 cases. Elle est située au nord-ouest et à 35 kilomètres environ de Savalou. Ce village possède une féticheuse qui jouit dans la région d'une grande renommée et d'une grosse influence.

Djalloukou est en excellents rapports avec Savalou ainsi qu'avec tous ses voisins.

Le général commandant supérieur des établissements du Benin a envoyé, le 25 janvier 1894, le capitaine Pentel, de l'état-major, pour passer, au nom du Gouvernement français, des traités de protectorat avec les différents chefs mahis.

Cet officier a visité Savalou où l'un des groupes de la colonne était déjà entré le 19 novembre 1893, puis Djalloukou et enfin Tado.

Il a partout reçu le meilleur accueil. Le 30 janvier il a passé avec le roi Baguidi et le 1er février avec le roi Noukoumoké des traités qui définissent l'étendue de chacune des deux Confédérations et les place sous notre protectorat[1].

III. *Confédération de Ouessé.* — Les Mahis, qui habitent à l'est de la Confédération de Savalou, occupent une longue bande de terrain qui s'étend de Ouessé à Paouïgnan.

Sur la rive gauche de l'Ouémé, tous les villages sont groupés sous l'autorité du roi de Ouessé. En 1890, ils ont été pillés par Béhanzin, et les habitants qui étaient installés beaucoup plus près de l'Ouémé, se sont retirés vers le nord-est dans de grandes forêts

---

[1] Voir, appendice nº 3, le traité avec le roi de Savalou. Les traités passés avec les autres chefs mahis sont analogues à celui-ci.

qu'ils ont commencé à défricher, mais où ils n'ont pas encore construit de villages en barre, comme ceux qui ont été détruits.

IV. *Confédération des Dassas.* — C'est une Confédération importante; les quarante et un villages qui la composent[1] sont, pour la plupart, construits sur le sommet des pitons granitiques abrupts qui forment une des lignes de soulèvement dont on a parlé plus haut.

Chaque village est ainsi semblable à une espèce de redoute à peu près inaccessible et très facile à défendre, qui servait jadis de protection et de refuge contre les incursions des Dahoméens.

Le roi de cette Confédération, Zoumaou, habite Dassa-Peing.

V. *Confédération de Paouïgnan.* — Les autres peuplades mahis habitent sur la rive droite de l'Ouémé, depuis Assanti jusqu'à Paouïgnan, une série de villages qui forment chacun un petit État indépendant.

Les centres les plus importants de cette région sont : Paouïgnan, Baffo, Agouagou, Thio, Oco, Assanti.

Presque tous ces villages ont été saccagés par les Dahoméens ; les ruines qui subsistent permettent de se rendre compte de l'importance qu'ils avaient autrefois.

Ces petits États ont pris l'engagement de ne former à l'avenir qu'une seule Confédération, sous l'autorité supérieure du roi de Paouïgnan.

Le lieutenant Guérin, envoyé en mission dans ces régions, au mois de février 1894, a passé des traités de protectorat avec les rois de Dassas, d'Ouessé et de Paouïgnan. Les Français jouissent, chez ces peuplades, d'un prestige extraordinaire et seront bien accueillis chaque fois qu'ils les visiteront.

Les principales cultures de ces pays sont : le mil, le maïs, l'igname, le manioc, le tabac (de qualité inférieure) et le coton. — On trouve dans le pays des Dassas une céréale qui ressemble beaucoup à l'orge et, du côté d'Agonagon, du riz rouge de montagne. Le palmier à huile se rencontre encore, mais en très petite quantité dans le pays des Dassas; on en trouve de véritables oasis dans le voisinage d'Assanti, mais au nord de ce point on n'en aperçoit plus que quelques pieds isolés, auprès de certains cours d'eau.

La vallée de l'Ouémé, au bord d'Aguigadji, est couverte de forêts;

---

[1] Cette région est désignée par les indigènes sous le nom de « pays des quarante montagnes ».

quelques arbres produisent de la gomme arabique, on trouve surtout celui qui donne le beurre de karité.

On trouve quelques petits bœufs dans les Dassas et, du côté de Ouessé, une race de chevaux assez semblables au cheval arabe; les chèvres et les volailles abondent partout.

Les animaux sauvages comprennent principalement le cerf, l'antilope et le bœuf sauvage. Les éléphants sont rares; on en rencontre des traces du côté d'Assanti. Les fauves sont représentés par la panthère; les grands singes noirs à longs poils sont très nombreux dans les forêts.

VOIES DE COMMUNICATION.

On a déjà parlé des chemins qui conduisent à la côte; en étudiant les divers cours d'eau qui sillonnent le pays, on a examiné jusqu'à quel point ils se prêtaient à la navigation. Il reste à parler des voies de terre qui existent à l'intérieur du Dahomey et de celles qui le font communiquer avec les Mahis et les régions encore plus au nord.

Le royaume d'Abomey est sillonné par un nombre considérable de sentiers; on ne parlera que des principaux, « routes de guerre », que les Dahoméens suivaient pour aller faire leurs pillages chez les peuplades voisines:

1° *Abomey-Adégon*, par Cana, Cotopa, Cossoupa. — C'est le chemin qu'a suivi en sens inverse la colonne de 1892, lorsqu'elle quitta l'Ouémé. La route est très bonne jusqu'à Cotopa; elle traverse ensuite plusieurs marécages, qui sont aux hautes eaux des obstacles très sérieux [1].

Les Dahoméens passaient l'Ouémé au gué (tohoué) d'Adégon et de là se dirigeaient, soit sur le royaume de Porto-Novo, par le Décamé, ou sur Adja-Ouéré et le pays des Hollis.

2° *Abomey-Agony*. — Deux grands chemins conduisent d'Abomey à Agony, l'un par Tandji, Abodougnauli, Cové; l'autre empruntant le tracé Abomey-Adégon, jusqu'au palais de Cotopa, et passant par Allahé et Gomé.

Ces deux chemins sont bons, mais ils franchissent le Zou. A la

---

[1] Les Dahoméens construisent des ponts de branchages extrêmement résistants et d'une portée relativement grande.

saison sèche, les gués ne présentent d'autre obstacle que des berges
à pic de 5 à 6 mètres ; mais, à l'époque des crues, le passage offre
de réelles difficultés. Il faut d'abord franchir le marigot, qui est sur
la rive droite ; c'est ou un marais bourbeux, ou bien une espèce de
lagune, qui a 4 à 5 mètres d'eau. — Il faut ensuite passer le Zou.
Un courant très violent rend pénible et lente la marche des pirogues.
On rencontre à la sortie, sur la rive gauche, des marécages sur une
étendue de 2 à 3 kilomètres ; on gravit ensuite une faible pente qui
conduit sur le plateau ; à partir de ce point, le chemin est excellent.

De Zagnanado, les guerriers allaient passer l'Ouémé à Oueméton
ou à Ahanta, et de là se portaient sur Kétou et Abéokouta.

Le premier chemin par Tendji est celui qu'on fit suivre aux Français enlevés à Ouïdah en 1890, comme otages, lorsqu'on les con-
duisit d'Abomey au palais de Zagnanado.

3° *Abomey-Atchéribé*, par l'Indouté, Oumbégamé, Yégo et Setto.
— C'est le chemin que prit, en 1892, Béhanzin en fuite, lorsque les
Français entrèrent dans Abomey.

Ce chemin est généralement bon : il traverse, du sud au nord, le
plateau d'Abomey ; aussi, après les pluies, rencontre-t-il des marécages entre Oumbégamé et Yégo ; à la saison sèche, au contraire,
on trouve difficilement l'eau nécessaire, même pour les plus faibles
effectifs.

4° *Abomey-Tado*. — Il existait auparavant une route directe conduisant d'Abomey à Tado par Hodjia et Affomaï. La rareté des relations entre les Dahoméens et les Adjaas (habitants de la région dont
Tado est le chef-lieu) a laissé disparaître ce chemin. Après le passage du Couffo, à Couffopa, on en voit encore les traces pendant
quelques centaines de mètres, puis il se perd complètement dans la
brousse.

Pour aller à Tado, on suit l'ancien chemin jusqu'à Affomaï, on
franchit le Couffo à Guaoué-Codji, puis on est obligé de prendre la
route qui passe par Tokamé, Avégamé, Ouétan, Atchaoué, ce qui
allonge énormément le trajet.

Les villages de Tahomé et de Tokamé sont habités exclusivement
par des Dahoméens, qui les ont conquis sur les Adjaas, car primitivement le Couffo formait la limite entre ces deux peuplades. C'est
seulement à partir d'Homé que l'on commence à rencontrer les
Adjaas.

5° *Abomey-Didja*, par Oumbégamé, Ouvi et Ségon. — Ce sentier est bon ; on verra plus loin que c'est la voie de pénétration par Agouna, Djalloukou.

6° *Agony-Atchéribé*. — Le chemin part de Zagnanado et suit, pendant environ 4 kilomètres, la route de Cové ; il bifurque ensuite vers le nord-ouest et, à partir de ce point, ce n'est plus qu'un très médiocre sentier. Il a été suivi pendant la dernière campagne par les 1er et 3e groupes, sous le commandement direct du général commandant supérieur. On dut y faire de fréquents travaux d'aménagement, surtout des ponts et rampes d'accès pour permettre le franchissement de ruisseaux très escarpés qui se jettent dans le Zou. Ce chemin traverse le village de Nahogon, puis il longe, à une distance moyenne de 5 kilomètres, la rive gauche du Zou en courant sur le versant occidental des hauteurs qui séparent cette rivière de l'Ouémé.

Jusqu'à Nahogon, le terrain est sablonneux ; il devient ensuite solide et résistant, mélangé à certains endroits de petits cailloux ferrugineux.

Le chemin aboutit au camp de Zounveï-honou, qui pouvait contenir une vingtaine de mille de personnes et que Béhanzin a incendié dans la nuit du 8 au 9 novembre 1893, au moment de s'enfuir vers le nord. Pour arriver à Atchéribé, il faut passer le Zou à environ 2 kilomètres au sud-ouest du camp.

7° *Agony-Paouïgnan*. — Cette route a été suivie par un des groupes de la colonne. C'est un sentier qui court sur la ligne de faîte des hauteurs, prolongement du soulèvement des Dassas, et traverse de larges plateaux absolument dénudés, sans eau, que séparent des ravins encaissés bordés de rochers.

Le chemin part de Zagnanado, traverse Agony-Zuébo, Don, Tan, Gbanamé, Gbéhodomé, les champs et le village de Gounsoué, passe au pied des monts de Louna et atteint enfin Paouïgnan.

Il reste à examiner les chemins qui relient le Dahomey aux différentes confédérations mahis et les voies de pénétration vers le Niger.

I. *Abomey-Savalou*. — Deux chemins conduisent de la capitale du Dahomey à Savalou : 1° l'un, direct, par Badagba ; 2° l'autre, beaucoup plus long, par Atchéribé, Paouïgnan et les Dassas.

Lorsqu'on prend le premier de ces deux chemins on traverse, entre Tchiko et Badagba, une série de petits sous-affluents de la rive droite du Zou, généralement à sec à l'époque de la sécheresse. A 6 kilomètres au nord de Badagba, on franchit le Zou. Ce point de passage, analogue à celui d'Atchéribé, ne présente aux basses eaux d'autre obstacle que des berges assez élevées et raides ; à l'époque de la crue, le passage en pirogues est lent et pénible à cause de la violence du courant et aussi parce que les pirogues sont très peu nombreuses en ces parages. A Atchéribé, il en existe une seule.

A partir du Zou, le chemin court sur le flanc occidental de la chaîne de hauteurs qui sépare cette rivière de son affluent l'Agbado, à peu de distance de la ligne de faîte de ces hauteurs, qui dominent le sentier de 30 à 40 mètres. Il traverse ensuite cinq ou six petits cours d'eau, affluents de gauche du Zou, dont le plus important est le ruisseau de Batem, puis, franchissant la ligne de hauteurs sur le sommet d'une colline qui forme plateau, passe du flanc occidental au flanc oriental de cette même chaîne de montagnes. Tous les ruisseaux traversés à partir de ce point sont tributaires de l'Agbado ; le plus important est l'Azoka.

Le chemin continue à longer de près les hauteurs, puis arrive à Savalou. Cette voie, généralement assez bonne, qui est une section du chemin d'Abomey à Say, est appelée « route de Dahomey » par les habitants de Savalou ;

2° Le deuxième itinéraire suit le chemin d'Abomey à Atchéribé, puis par Gouvelin, Paouignan, les Dassas, Logozohé et Mocpa atteint Savalou. C'est un sentier qui chemine au pied des monts de Dassa, traverse la grande plaine de l'Agbado, où il rencontre de nombreux affluents de cette rivière, entre autres le Klou, et franchit l'Agbado à quelques kilomètres avant d'arriver à Savalou.

II. *Tado-Savalou.* — C'est la grande voie commerciale de la région. Tous les produits importés (étoffes, sel, fusils, poudre, tabac, alcools, etc.) utilisent le plus haut possible la voie fluviale du Mono, puis vont par terre à Tado, d'où ils sont transportés soit sur Savalou, soit sur Pessi par Atakpamé.

Les produits exportés (ivoire, caoutchouc, huile de palme, etc.) suivent en sens inverse la même voie.

Partant de Tado, le chemin suit d'abord la direction générale nord, puis s'infléchit légèrement vers l'est. Il traverse un véritable désert, plateaux couverts de brousse, d'arbres rabougris et clairsemés, franchit quelques affluents de droite du Couffo (l'Ocpo, le Coto, etc.) et traverse le Couffo occidental un peu avant d'arriver à Agouna.

A signaler cependant, à mi-distance entre Tado et Agouna, le lieu dit « Agodogoué », où n'existe aucune habitation. C'est un lieu de repos consacré par la tradition. On n'y trouve que quelques abris en paille où les gens de Tado viennent emmagasiner des sacs de sel que viennent y prendre les gens d'Agouna et de Djalloukou.

Ces dépôts de sel n'ont pas de gardien ; ceci paraît indiquer que dans ces parages les voleurs de grand chemin sont rares..., à moins qu'une sage et ingénieuse tradition n'ait inculqué chez ce peuple la croyance qu'un fétiche redoutable ne manquerait pas de punir sévèrement celui qui tenterait de s'approprier la moindre quantité de cette denrée, si précieuse dans un pays qui en est complètement dépourvu.

Agouna est situé sur les pentes orientales de l'éperon qui termine, au sud, la chaîne qui sépare le Couffo oriental du Couffo occidental. Ce village, d'environ 200 cases, est le point le plus septentrional qui soit habité par des Adjaas, peuple dont le souverain, Pohenzon, réside à Toune et Tado.

Agouna marque la limite nord du palmier à huile.

Un peu avant d'arriver à ce point, on traverse deux petits villages, Allahé et Pétacha ; ce dernier est commandé par un frère de Pohenzon.

D'Agouna part un chemin qui traverse le Couffo occidental et arrive à Didja ; un embranchement conduit, par Toucoucon et les champs d'Agohon, à Souarapa.

Au sortir d'Agouna, le chemin de Savalou gravit deux collines de granit et atteint bientôt le Couffo oriental qu'il franchit à un gué de 5 à 6 mètres de large. On arrive après une petite journée de marche à Djalloukou.

De Dialouna, à environ 3 kilomètres en avant de Djalloukou, se détache vers le sud-est un chemin dit « de Dahomey » qui rejoint, à 5 kilomètres avant Didja, le sentier d'Agouna à ce point.

A Djalloukou, situé dans un col de la ligne de hauteurs qui sépare le Couffo du Zou, on quitte définitivement la vallée du Couffo pour passer dans celle du Zou. Le chemin traverse cinq petits affluents de cette dernière rivière et atteint le Zou à 8 kilomètres au nord de Djalloukou.

La rivière à cet endroit est encaissée; on y trouve une installation sommaire pour la traversée en pirogues.

On franchit peu après l'Azoka, affluent de l'Agbado, le chemin traverse ensuite la chaîne des monts de Savalou dans un col dont l'altitude est d'environ 215 mètres et arrive à Savalou.

Dans la région nord-est, les routes principales sont :

1° Atchéribé-Ouessé par Paouïgnan, Agouagon, Assanti;

2° Dassa-Savé, avec prolongement sur Ouessé par Caboua et Agbôo.

Voies de pénétration vers le Niger. — On n'a encore que peu de renseignements sur elles, et on se bornera à les énumérer.

1° *Voies de pénétration vers le nord et l'ouest :*

1. Tado, Sagada, Atakpamé, Pessi;
2. Agouna-Atakpamé;
3. Djalloukou-Atakpamé;
4. Djalloukou-Doumé { Losi; Pessi;
5. Savalou-Dossi-Bobé, Ouessé, Kémon, Liki-Say; cette dernière, prolongement du chemin Abomey-Savalou, est la grande route du Niger, elle pénètre dans le Bariba à Lacba vers le 9° degré.

Il faut environ huit jours pour aller de Ouessé à Liki. A Kémou, situé à un jour de marche d'Ouessé, vient s'embrancher un chemin qui part d'Agbôo.

2° *Voies de pénétration vers le nord et l'est.* — Deux routes principales conduisent dans le pays du Yoruba. Elles partent toutes deux de Caboua et se dirigent l'une sur Ischin (7 jours de marche) et Oyo (8 jours), l'autre sur Tchaki (ou Tchéki), situé à six jours de marche environ de Caboua; cette dernière route est doublée par une autre partant de Oco.

Les relations des peuplades dont on vient de parler, avec celles situées au nord sont peu suivies; les routes passent pour être peu sûres et fréquentées par des bandes de pillards.

Les Baribas n'ont pas de fusils; ils sont cependant très belliqueux et combattent à cheval, armés de lances et de flèches empoisonnées. Leurs chevaux sont, dit-on, de taille élevée, aussi grands que des chevaux arabes et plus étoffés; on en trouve quelques-uns à Savé.

CINQUIÈME PARTIE.

ROYAUME DE PORTO-NOVO.

Historique [1]. — Lorsque le Dahomey, il y a environ 300 ans, chassa du royaume d'Ardres la famille régnante, le prince Atéagbanlin, successeur désigné du roi d'alors, s'enfuit avec quelques partisans et vint se réfugier à Ekpé, petit village situé au milieu de marais, au sud-ouest de la ville actuelle de Porto-Novo.

Porto-Novo n'existait pas encore; à l'endroit occupé aujourd'hui par le palais de Bécon, il y avait un petit groupe de cases qu'on désignait sous le nom d'Aklou.

Atéagbanlin vint demander au chef d'Aklou un emplacement pour s'installer avec sa famille et ses fétiches.

Ce chef lui assigna une portion de terrain à l'endroit où s'élève la maison actuelle de Toffa et où se tient le marché. Atéagbanlin fit immédiatement construire des cases et défricher le sol pour le cultiver. Ce fut l'origine de Porto-Novo.

Au fur et à mesure du développement du village, son chef le partagea en quartiers auxquels il donna les noms des quartiers d'Offra (capitale du royaume d'Ardres) et il créa des chemins pour aller aux villages voisins.

Atéagbanlin avait gardé une haine profonde contre le Dahomey, et un de ses premiers soins fut d'aller le combattre; mais il était faible : il intrigua auprès du roi d'Oyo (ville importante du Yoruba) pour que celui-ci attaquât les Dahoméens. Deux expéditions eurent lieu contre le Dahomey, les deux fois avec succès; mais le roi d'Abomey s'empressa d'acheter la neutralité du chef d'Oyo et le petit roi de Porto-Novo se trouva isolé; il ne put recommencer la lutte. Le roi

[1] Ce récit est fait d'après les renseignements donnés par le roi Toffa lui-même.

d'Oyo n'avait prêté son concours que moyennant une redevance annuelle ; les rois de Porto-Novo ont dû payer ce tribut jusqu'il y a environ soixante ans.

Atéagbanlin eut six fils, dont cinq régnèrent successivement après lui ; le sixième mourut très jeune.

Par la suite, les rois furent pris tantôt dans l'une, tantôt dans l'autre de ces cinq familles ; c'est ainsi que Toffa, le roi actuel, fils de Soudji, n'est monté sur le trône qu'après Mekpon et Messi, qui appartenaient à une famille différente.

Les successeurs d'Atéagbanlin déclarèrent la guerre aux peuplades voisines dans le but d'accroître le royaume ; ils firent successivement la conquête de l'Ouémé, de Godomey, d'Abomey-Calavi, de l'Addo ; Messi osa même attaquer Abéokouta, mais sans succès.

Les Anglais, déjà en possession de Lagos, convoitaient Porto-Novo qui, bien situé à l'extrémité ouest de la lagune de Lagos et à l'embouchure de l'Ouémé, leur aurait permis de créer, à proximité de Cotonou, un second débouché pour les produits du pays et une nouvelle voie de pénétration pour leurs marchandises.

Ils ne se contentèrent pas, pour atteindre leur but, des moyens pacifiques, et, au mois d'avril 1861, une canonnière de Lagos vint bombarder Porto-Novo. Le roi d'alors, Soudji, qui a régné de 1846 à 1864, songea à demander la protection de la France et fit faire des démarches auprès du gouvernement français par un nommé Carvalho, négociant d'origine portugaise. Les pourparlers finirent par aboutir : le 23 juin 1863, fut conclu un traité qui établissait le protectorat de la France sur le royaume de Porto-Novo qui s'étendait alors jusqu'à l'Addo [1].

Une petite garnison fut installée à Porto-Novo et des officiers explorèrent le pays. Cette possession fit partie, pour l'administration, des établissements français du Golfe de Guinée, lesquels dépendaient du Gabon.

Sous le règne de Mecpon, qui succéda en 1864, à Soudji, et régna jusqu'en 1872, un petit incident diplomatique [2] amena une rupture ;

---

[1] Rivière sur le territoire anglais.

[2] Le roi avait mal reçu le bâton du gouverneur. D'après les usages établis à Porto-Novo comme au Dahomey, le bâton ou la canne envoyée à une personne par un mouleck (domestique) représente celui qui l'envoie ; c'est une sorte d'ambassadeur et un moyen de se faire reconnaître.

le drapeau français cessa de flotter sur Porto-Novo. Les Anglais recommencèrent aussitôt leur action, mais le roi Toffa, monté sur le trône en 1874, succédant à Messi, qui n'avait régné que deux ans, fit de nouvelles démarches auprès du gouvernement français, et, le 25 juillet 1883, un traité de protectorat était de nouveau conclu entre la France et le royaume de Porto-Novo. Une compagnie de tirailleurs sénégalais vint tenir garnison, et la canonnière *Emeraude* entra dans la lagune par le chenal de Cotonou alors ouvert comme en 1893. Pendant ce temps, le Dahomey avait grandi et était devenu fort. Les rois d'Abomey qui n'avaient pas oublié les vieilles querelles avec le chef de Porto-Novo, faisaient de fréquentes incursions sur le pays, et en 1889, au mépris du traité de 1883, qui plaçait Porto-Novo sous le protectorat de la France, les Dahoméens vinrent brûler Djibé, à environ 8 kilomètres au nord-ouest de Porto-Novo. Ce fut la cause de la campagne de 1890. Par le traité du 3 octobre 1890, conclu entre le contre-amiral de Cuverville et Béhanzin, le Dahomey s'engageait à respecter le royaume de Porto-Novo placé sous notre protectorat. Les Dahoméens ne tardèrent pas à violer leur engagement et, dans les premiers jours du mois de mars 1892, ils brûlaient et pillaient les villages de Danou et de Donkoli. Cette violation du traité de 1890 amena l'expédition de 1892.

Limites. — Lors du traité de 1863, la limite, à l'est, était formée par l'Addo, et, à partir de l'embouchure de cette rivière dans la lagune, par une ligne conventionnelle allant du nord au sud jusqu'à la mer. Des contestations furent soulevées par les Anglais au sujet de la partie comprise entre la lagune et la mer, où ils tenaient des postes; mais à la suite de la convention provisoire du 2 janvier 1888 et de celle du 10 août 1889, les Anglais retirèrent leurs postes, et la frontière fut formée à partir de la mer, par le méridien qui passe par l'embouchure de l'Adjara, puis, par le cours de cette rivière jusqu'à la latitude 6° 38′, et au nord de ce point, par le méridien 0° 26′ 34″, est. La limite est formée : au nord par une ligne passant près de Sakété, et qui aboutit à Dogba et par l'Ouavimé jusqu'à son confluent avec la rivière de Sô; à l'ouest, par la rivière de Sô, le lac Nokoué et la lagune de Cotonou; au sud, par l'Océan.

GÉOGRAPHIE PHYSIQUE.

La longue et étroite bande de terrain comprise entre l'Ouémé et la frontière anglaise présente le même aspect que le pays qui s'étend de l'Ouémé au Mono. On y trouve, à partir de la mer, d'abord une bande de sable coupée de lagunes, puis une série de plateaux séparés les uns des autres par des dépressions marécageuses, et, enfin, dans le nord, des massifs rocheux.

La constitution géologique de ce terrain est identique à celle de l'autre partie du territoire. Le sol des plateaux est durci et rougi par du peroxyde de fer ; les massifs rocheux sont en général granitiques.

Le premier plateau, qu'on rencontre en partant de la mer, a des limites nettement marquées, au sud par la lagune de Porto-Novo, à l'ouest par l'Ouémé, au nord par une dépression marécageuse d'environ 10 kilomètres de large et qui est le prolongement de la Lama ; vers l'est, il paraît se continuer sur le territoire anglais, et doit s'étendre au moins jusqu'à l'Addo.

Son altitude moyenne est d'environ 50 mètres ; il est sillonné par des affluents de gauche de l'Ouémé, et par des lagunes qui se déversent dans la lagune de Porto-Novo.

On trouve plus au nord le plateau de Kétou, d'une altitude qui ne dépasse pas 80 mètres ; au delà de ce point, le pays devient mamelonné ; il est accidenté, surtout entre l'Ouémé et le chemin d'Aplakamé à Agony-Pau, à cause des nombreux cours d'eau qui sillonnent cette région. A citer le mont Soquéso, double piton rocheux très pittoresque, et le mont Saintéso que le sentier de Samio à Daplakamé gravit par une pente très raide.

A partir d'Agony-Pau, on entre dans la région vraiment rocheuse ; le granit succède partout aux conglomérats ferrugineux : tels sont les massifs de Vésouvé, de Hotoqué, entre Agony-Pau et Ocpa, et ceux de Acpapasa, Tadasata, Zoubon, Bessédi, entre Ocpa et la rivière Bessé.

Les masses granitiques d'Akohou, Baba, Aloya, que l'on rencontre plus au nord, forment de véritables collines, au milieu desquelles s'élèvent le mont Foufou et les montagnes de Savé. Le point culminant de ce dernier massif est le mont Kénéi dont le relief au-dessus de la plaine est de 200 mètres environ. Du mont Nachabé, un peu moins élevé que le précédent, la vue s'étend vers l'ouest jusqu'à la vallée de l'Ouémé, et dans la direction est on aperçoit la vaste plaine au milieu de laquelle serpente le chemin de Ouessé.

Cours d'eau. — L'Ouémé et son affluent l'Ocpa ont été cités dans la quatrième partie ; il reste à parler de quelques autres affluents et des cours d'eau et lagunes côtiers qui sillonnent le plateau de Porto-Novo.

1. *Affluents de la rive gauche de l'Ouémé.* — Les principaux sont :

1° Le Bessé, torrent large d'une vingtaine de mètres, que traverse le chemin de Savé à Ocpa ; l'eau est excellente ;

2° Le Sahou, ruisseau de trente mètres de large ; il n'a pas d'eau à la saison sèche ;

3° L'Ouetélé ;

4° L'Adohossou ;

5° L'Adiéson, formé par le Bédohon et le Sélou ;

6° L'Oundocan ;

7° Le Ravidonou.

Tous ces cours d'eau ne sont que des torrents dont deux seulement conservent l'eau à la saison sèche, l'Ouetélé et l'Adohossou ;

8° Le Zounou descend du versant méridional du plateau de Kétou, il traverse la dépression marécageuse qui sépare ce plateau de celui de Porto-Novo et, après avoir reçu plusieurs affluents peu importants qui arrosent le pays des Hollis et le territoire d'Adja-Ouéré, se jette dans l'Ouémé en face du village de Zounou.

Les rives de ce cours d'eau sont basses et marécageuses ; à l'époque des crues les eaux couvrent la vallée sur une largeur de près d'un kilomètre.

Le Zounou arrose le village de Yago où habite le chef de Dasso.

De Zounou jusqu'à son confluent avec la lagune de Porto-Novo, l'Ouémé reçoit quelques cours d'eau sans importance, à la saison sèche, mais qui, au moment des pluies, grossissent d'une manière extraordinaire, et se transforment en lagunes dont la largeur atteint jusqu'à 300 mètres, comme la lagune de Tové.

Les principaux sont :

a) Lagune de Bougoudou ;

b) Lagune de Badao ;

c) Lagune de Tové;

d) Lagune de Miakpo ou lagune de Gohon.

Quelques-uns de ces cours d'eau présentèrent un obstacle très sérieux à la marche, le long de l'Ouémé, de la colonne de 1892.

II. — Les cours d'eau qui sillonnent le plateau compris entre la lagune de Porto-Novo et les environs d'Holli-Djé sont, principalement vers le sud, des lagunes boisées où il n'y a pas de courant :

1º L'Iddi descend du versant septentrional du plateau, arrose le territoire d'Adja-ouéré, passe à Issalé et, après avoir coulé du sud au nord, prend la direction est pour passer sur le territoire anglais, où elle doit se joindre à l'Addo;

2º L'Aguidi prend sa source un peu au nord de Sakété; ce n'est d'abord qu'un marais boisé et boueux; à partir du parallèle 6º 35′ elle devient navigable et présente un étroit chenal que la commission de délimitation de la frontière a remonté en juin 1890 jusqu'à hauteur de Dopétou (territoire anglais).

L'Aguidi reçoit, près de Sakété, une lagune qui a une direction générale ouest-est, et qui passe un peu au sud de Sakété;

3º La lagune de Kouti commence un peu au nord du village du même nom; c'est un marais boisé de 400 à 500 mètres de large. Près de Dégou elle présente un chenal navigable sur une étendue d'environ 2 kilomètres;

4º La lagune d'Adjara prend son origine près de Takon.

C'est un marais boisé de 600 à 800 mètres de large, dont le fond vaseux rend impossible le passage à gué. La traversée se fait sur 4 ou 5 points, en pirogue, par un chenal qui a une profondeur de 2 à 3 mètres.

Elle passe près des villages de Takon, Atchoupa, Adjara; un peu après ce dernier point, la lagune devient navigable.

L'Aguidi, la lagune de Kouti et la lagune d'Adjara convergent au même point, un peu au sud de Diégou. Le cours d'eau résultant prend le nom de rivière d'Adjara; il est navigable sur tout son parcours et se joint à la lagune de Porto-Novo, près du village de Dô.

A l'est et à l'ouest de Porto-Novo et près du village de Vakon, coulent des lagunes peu importantes; elles se jetttent toutes les trois dans la grande lagune de Porto-Novo.

Cette dernière est alimentée par l'Ouémé et communique avec le lac Nokoué par le canal du Toché et celui du Zoumé. Le Zoumé, seul, permet le passage des canonnières à la saison sèche. Vers l'est, la lagune de Porto-Novo s'étend jusqu'à Lagos ; vers l'est, elle communiquait autrefois avec la lagune de Ouïdah.

En face de Porto-Novo la lagune a près de 2 kilomètres de large ; elle est navigable en tout temps pour les canonnières.

POPULATIONS. — PRODUCTIONS. — INDUSTRIES.

A. — Royaume de Porto-Novo.

I. *Centres principaux.* — Porto-Novo est la capitale du royaume, et la seule ville vraiment importante.

Elle est bâtie au nord de la lagune, sur le versant sud à pentes assez douces d'un plateau boisé et défriché seulement dans le voisinage immédiat de la ville, les cases sont en barre [1] et recouvertes de paille.

L'hôtel du gouverneur, et les bâtiments militaires sont situés sur la crête du plateau sur lequel s'étendent les casernements réguliers qui ont succédé au campement de 1890. Porto-Novo possède une mission catholique, un temple protestant et une petite mosquée.

Quatre redoutes et une enceinte en barre avec fossé constituaient la défense de la ville en 1892, aujourd'hui ces fortifications sont abandonnées ; elles ne tarderont pas à disparaître.

La population peut être évaluée à environ..... mille habitants, parmi lesquels se trouvent un assez grand nombre de métis d'origine portugaise ou brésilienne. L'élément européen, peu nombreux il y a quelques années, s'est assez notablement accru depuis 1892. C'est un centre commercial important qui reçoit et emmagasine tous les produits de l'Ouémé et les envoie en Europe par deux débouchés : Cotonou et Lagos. On y compte une dizaine de factoreries françaises, allemandes et anglaises, et un grand nombre de petits commerçants européens et métis. Le marché indigène, qui a lieu tous les cinq jours, est très fréquenté.

C'est le lieu de résidence du roi Toffa, qui habite ordinairement le palais de Békon, à l'extrémité est de la ville.

---

[1] Argile rougeâtre que les nègres pétrissent comme du mortier, en la foulant avec les pieds ; sous l'action de la chaleur, cette terre durcit et acquiert presque la dureté de la pierre ; les indigènes construisent les murs par tranches horizontales de 0ᵐ,80 de hauteur.

Le nom de Porto-Novo dans la langue nagot est « Hadjiaché » [1].

Le royaume de Porto-Novo est divisé en dix cantons portant les noms de leur principal village :

1° Kraké, situé sur le territoire compris entre la lagune et la mer, au milieu d'un marais qui l'isole aux hautes eaux de tout le reste du pays. Le chef de ce canton commande douze autres villages peu importants;

2° Kéténou, environ 200 habitants, est bâti sur le bord du lac Nokoué, tout près de l'embouchure du Toché. Parmi les localités dépendant de ce canton, on trouve le village lacustre de Affoténou;

3° Késounou, sur l'Ouémé, est inondé aux hautes eaux; la plupart des villages qui en dépendent : Bembé, Aguégué, Aguégué-Kandji, sont bâtis sur pilotis;

4° Quinto, est un très gros village, sur la rive gauche de la rivière de Sô. Sa population peut être évaluée à 1500 habitants, possédant 200 pirogues.

Le village s'étend sur une étendue d'environ 3 kilomètres; il y a très peu de champs cultivés; les habitants vivent principalement de poissons.

Parmi les localités que comprend ce canton, les plus importantes sont : Déké, au milieu de la plaine inondée; sur la rive droite de l'Ouémé, et le village de Sô, situé à l'embouchure de cette rivière, sur les bords du lac Nokoué;

5° Danou, a 800 habitants. Le village s'étend sur 1200 mètres le long de la rive gauche de l'Ouémé, en face de son confluent avec la lagune des Caïmans. Les habitants se livrent à la culture du maïs et à la pêche. Les autres villages du canton sont :

a) Donkoli (ou Dacon), que les Dahoméens ont pillé et brûlé au mois de mars 1892. Le village est situé sur les bords de la lagune des Caïmans.

b) Gobbo et Gambau, bâtis sur les rives de l'Ouémé;

6° Fanvié, compte environ 300 habitants; la majeure partie du village se trouve sur la rive gauche de l'Ouémé;

7° Affamé, sur l'Ouémé, est un gros village de 500 habitants paraissant dans une certaine aisance, et se livrant à la culture du maïs, à la pêche, et surtout à la production de l'huile de palme.

[1] Des Dahoméens l'appelle « Hogbonou ».

Les autres villages du canton, au nombre de onze, ne présentent rien de particulier ;

8° Sakété ou Takété, compte de 1000 à 1500 habitants qui cultivent le maïs et font le commerce des amandes de palme. De nombreux commerçants de Lagos viennent y faire des échanges.

. C'est le lieu de résidence du roi de Sakété, qui, jusqu'en 1892, ne reconnaissait guère l'autorité de Toffa.

Le village est entouré d'une ceinture de forêt; la seule voie y donnant accès est défendue par un mur en pisé, crénelé et barré par une porte en bois. La colonne opérant dans le Décamé l'a visité en août 1892; les autres villages du canton, au nombre de sept, sont peu importants ;

9° Takon. La majeure partie des habitants de ce village était en 1892 sous l'influence dahoméenne et par suite hostile à Toffa. La colonne destinée à opérer dans le Décamé s'en empara en août 1892 et le détruisit en partie, ce qui causa le plus grand effroi dans les environs : les guerriers dahoméens, rassemblés au camp de Békandji se dispersèrent immédiatement.

C'était un centre très important, qui se repeuple peu à peu; le village est en grande partie reconstruit et des défrichements sont en cours d'exécution sur de grandes étendues de terrain. Le seul autre village important de ce canton est Yoko ;

10° Békandji, est l'ancienne résidence des rois du Décamé, qui comprenait les cantons de Sakété, Takon, Békandji et une partie de ceux de Fanvié et de Danou.

Le roi de Békandji était autrefois l'allié du Dahomey. Depuis la campagne de 1892, les habitants se sont ralliés à Toffa. C'est un village de 600 habitants. Les autres centres importants du canton sont : Azaouïssé, Mitro, Zoungué, Dogla et Dangbo (200 habitants).

A la tête de chacun de ces cantons est placé un chef sur qui Toffa a une autorité plus ou moins grande.

Quelques villages importants dépendent directement du roi de Porto-Novo et sont situés dans les environs de cette ville : 1° Diégan-Daho ; 2° Atchoupa, où en 1890 eut lieu un engagement entre les troupes françaises et les Dahoméens ; 3° Adjara, centre important où se tient un marché très fréquenté.

Population. — Le royaume de Porto-Novo est entièrement peuplé de Nagots ; les caractères que présente cette race ont été déjà indiqués.

Une infiltration de musulmans se produit depuis plusieurs années à Porto-Novo, comme du reste dans toutes les villes de la côte; elle va sans cesse en grossissant. Les plus importants parmi eux sont des Hadans ; d'autres, des descendants d'anciens esclaves brésiliens. Quelques-uns sont établis, demeurent dans le pays et y possèdent même de très importantes maisons de commerce ; d'autres sont des commerçants nomades venant s'approvisionner en marchandises à la côte et allant les revendre à l'intérieur de l'Afrique.

Productions. — Industries. — On trouve dans le pays les cultures ordinaires : maïs, ignames, manioc, huile de palme, etc. A signaler, dans les cantons de Kraké et de Kéténou, sur le bord de la mer, l'existence de salines qu'on ne rencontre pas sur d'autres points du littoral. Les habitants mettent de l'eau de mer dans un tonneau placé verticalement et renfermant une couche de sable d'environ $0^m,20$; au moyen d'un trou pratiqué à la partie inférieure et d'un morceau de bambou, l'eau, plus ou moins filtrée, s'écoule dans des jarres, que les indigènes placent ensuite sur des foyers très actifs ; après l'évaporation complète de l'eau, ils recueillent le sel qui s'est déposé à l'intérieur des jarres.

B. — Pays d'Adja-Ouéré.

Il comprend les villages d'Adja-Ouéré, où habite le roi, et ceux d'Avatcha, Ichédé, Abaningbé et Eouignan.

Adja-Ouéré est d'un aspect misérable ; beaucoup de cases, même l'habitation du roi, tombent en ruines.

Ce pays, qui est indépendant du royaume de Porto-Novo, était jadis florissant, très peuplé ; mais des divisions intestines ont éclaté, les Dahoméens y ont fait de fréquentes incursions, la plupart des habitants se sont dispersés et sont allés fonder des villages ailleurs (le groupement des Hollis s'est formé de la sorte). Le roi actuel, Asoulé, est vieux, malade, peu écouté.

C. — Pays des Hollis ou Holli-Djé.

Le roi de ce pays réside à Saba (ou Aba) et commande à vingt villages comprenant une population de 3,000 habitants.

Ce petit royaume a été fondé, il y a plusieurs siècles, par des dissidents d'Adja-Ouéré. Le roi de ce pays considère même les Hollis comme dépendant toujours de lui. Mais le chef de l'Holli-Djé se déclare indépendant.

Les principaux villages sont, avec Saba :

    1° Chankpo ;

    2° Ichégou ;

    3° Kléchi ;

    4° Hédi ;

    5° Eouon.

Tous ces villages sont construits sur de véritables îlots, au milieu de marais qui ne se dessèchent complètement que pendant quelques mois de l'année. La population de l'Holli-Djé, comme d'ailleurs celle du pays d'Adja-Ouéré, appartient à la race nagote.

D. — Pays de Kétou et de Savé.

Historique. — Kétou a été fondé, il y a environ un siècle, par Edé, habitant d'Agoudo, village entre Savé et Kétou, dont il ne reste plus de traces.

C'était autrefois la ville la plus florissante de la contrée ; elle ne comptait pas moins de 20,000 habitants et son territoire s'étendait sur la rive gauche de l'Ouémé depuis Savé jusqu'à Massé.

Les Dahoméens, jaloux de cette richesse et de cette puissance, vinrent mettre, en 1878, sous le règne de Glé-Glé, le siège devant Kétou. Au nombre de 30,000, ils cherchèrent à battre en brèche l'enceinte de la place et placèrent leur artillerie près de la porte de Daplakamé ; le rempart, dont les ruines ont encore près de 5 mètres de relief, résista à leurs efforts. Les Dahoméens occupèrent alors les champs environnants et firent un véritable blocus de la ville, tout en continuant à la bombarder. Réduits à la famine, les assiégés tentèrent une sortie ; mais après un combat assez vif où le roi Ochoun trouva la mort, ils furent repoussés et durent subir la loi du vainqueur.

Kétou fut entièrement détruit ; les Dahoméens massacrèrent une partie des Nagots et emmenèrent les autres en captivité[1].

---

[1] La plupart de ces esclaves vinrent, en novembre et décembre 1892, après la chute de Béhanzin, se grouper autour des postes de Goho, Cana, Cotopa.

Trois ans après, les Dahoméens revinrent et complétèrent la ruine de leur ancienne rivale en détruisant les villages environnants, Gahingon, Ofia, etc. Quelques Nagots, assez heureux pour échapper au désastre, s'enfuirent vers l'est sous la conduite du prince Fétona et s'établirent à Gua, sur le territoire anglais.

Avant le commencement de la campagne de 1893-1894, une reconnaissance envoyée dans ce pays était entrée en relations avec quelques familles de Kétou, dernier vestige de ce peuple disparu ; elle les avait rassurées et engagées à reconstruire leur village. Après le succès complet de cette campagne, le général commandant supérieur permit aux Nagots groupés autour de Goho, Cana et Cotopa de retourner dans leur ancienne capitale.

Au mois de février 1894, le lieutenant Aubé a été envoyé pour rétablir cet ancien royaume et passer avec son nouveau chef un traité de protectorat.

Le chef Odou a été nommé roi par les Nagots qui, au nombre de 2,000 environ, avaient déjà rallié leur ancien pays.

Ce retour des populations s'accentue de plus en plus. Les habitants s'occupent à reconstruire leur capitale et à rouvrir les chemins qu'avait ensevelis la brousse.

Après Kétou, la ville la plus importante de la région est Savé. Bâtie au pied d'un massif montagneux, où les habitants se réfugiaient à l'approche des Dahoméens, elle a pu ainsi échapper à une ruine complète.

Le roi de Savé est en très bonne intelligence avec le roi actuel de Kétou, dont il est le parent. Autrefois, Savé était tributaire de Kétou ; il est probable que cette dernière ville reprendra peu à peu son ancienne puissance et que le petit royaume de Savé retombera sous la dépendance du roi de Kétou.

Les habitants de ces deux pays sont des Nagots.

Productions. — Industries. — Le plateau de Kétou est entièrement dépourvu d'eau dans la partie centrale ; les habitants utilisent d'anciennes citernes qui existent encore en très grand nombre dans les ruines de la ville. En cas d'épuisement de cette réserve, ils ont la ressource d'un grand bassin artificiel, creusé près d'Ofia. Ce bassin est formé par la réunion de deux cents puits ou citernes ; creusé dans une assise rocheuse, il conserve l'eau toute l'année.

Dans le royaume de Savé, on trouve les produits ordinaires du pays : maïs, ignames, etc. Le palmier à huile est rare, mais l'arbre de karité y abonde. En fait d'animaux, il y a des bœufs et des chevaux de la taille du cheval arabe.

Kétou était autrefois la ville la plus industrielle et la plus commerçante de toute la région : ses habitants n'étaient pas seulement cultivateurs; ils se livraient, en outre, à la confection des étoffes, à la fabrication des bijoux, d'objets de poterie, etc. On y remarquait de très belles plantations de coton.

A la suite de la ruine de Kétou, les familles qui avaient échappé s'étaient, pour la plupart, fixées sur le territoire anglais. Là, elles apprirent à connaître les marchandises de Lagos, et l'on peut dire qu'actuellement les produits anglais sont les seuls connus dans cette région; mais il faudrait peu d'efforts pour y introduire les marchandises de Porto-Novo. Les commerçants ont une voie toute ouverte qui les mène au cœur même de ce pays : c'est l'Ouémé.

VOIES DE COMMUNICATION.

I. *Chemins du royaume de Porto-Novo.* — Une multitude de sentiers sillonnent le pays; on ne parlera que des principaux :

1º *Porto-Novo.* — *Adjara.* — *Kouti-Takon.* — *Sakété.* — C'est la route qu'a suivie, en août 1892, la colonne opérant dans le Décamé. Le chemin est bon; il est sur une grande partie de son parcours suffisamment large pour permettre la circulation des voitures. Il traverse une forêt de palmiers assez clairsemés, et, à certains endroits, des fourrés favorables aux embuscades.

Le passage de la lagune d'Adjara ne pouvant s'effectuer qu'à l'aide de pirogues est une opération longue pour une colonne.

Le chemin atteint les villages de Takon et Sakété à travers une brousse très intense.

De Sakété part un chemin vers l'Holli-Djé et un autre qui rejoint le sentier Dogba-Baouté.

2º *Porto-Novo.* — *Dogba.* — Ce chemin court tantôt sur une ligne de hauteurs qui longe l'Ouémé, tantôt dans la vallée même du fleuve; aussi, présente-t-il aux hautes eaux des passages très difficiles, tels que celui de la lagune de Tové.

La colonne de 1892 a suivi ce chemin en partie dans sa marche sur la rive gauche de l'Ouémé.

Le sentier traverse les villages de Vakon, Apro, Dangbo, Azaouissé, Fanvié, Agouty, Abéokouta, et atteint le fort Faurax à hauteur de Dogba.

Il existe un autre chemin parallèle à celui-ci qui, jusqu'à Danou, longe le fleuve dans la vallée même; il est absolument impraticable aux hautes eaux.

II. *Chemins des pays du Nord.*

1° *Dogba.* — *Baouté.* — *Adjaouéré.* — *Holli-Djè.* — Il traverse plusieurs affluents du Zounou, de sorte qu'aux hautes eaux, il présente des points de passage difficiles.

C'est un très bon sentier qui, dans les environs d'Adja-Ouéré, a jusqu'à 1ᵐ,50 de large; il est assez fréquenté.

2° *Dogba.* — *Adégon.* — *Oko.* — *Agombo.* — Ce chemin présente trois sections de nature bien différente :

a) Dogba-Adégon. — Le sentier longe l'Ouémé de très près, aussi est-il presque impraticable aux hautes eaux. La colonne de 1892 l'a suivi jusqu'à hauteur de Gbédé, point où elle a franchi l'Ouémé, tournant ainsi les défenses que les Dahoméens avaient accumulées du côté d'Adégon.

b) Agocon-Oko. — Le sentier circule sur un plateau qui sépare l'Ouémé du Zounou, il est généralement bon. Un deuxième chemin part d'Adégon, suit la rive gauche de l'Ouémé et gagne Oko, en passant à travers les marais qui bordent le fleuve.

c) Oko-Agombo. — Le sentier traverse la plaine marécageuse qui limite, au nord, le pays des Hollis; c'est une véritable Lama; la marche y est difficile et pénible.

Près d'Aïssé, le chemin est bon sur environ 3 kilomètres.

3° *Chemin du royaume de Kétou.* — A la suite du pillage de Kétou, un grand nombre de chemins qui reliaient entre eux les différents villages ruinés par les Dahoméens, ont été abandonnés et ont disparu sous la brousse. Il n'y a plus que le sentier de Kétou-Agombo et celui de Kétou-Ocpa qui soient actuellement praticables.

Les Nagots, déjà rentrés dans leur ancienne capitale, ont promis de débroussailler les anciennes routes, entre autres celle de Kétou à Ouéméton qui permettrait d'avoir, par l'Ouémé, une communication rapide avec Porto-Novo et réduirait considérablement le trajet de Kétou à Zagnanado, en évitant de passer par Agombo.

4° *Samio, Agony-Pau, Ocpa, Savé.* — En partant de Samio, le chemin suit la rive gauche de l'Ouémé et traverse le Bosou près de son confluent avec le fleuve.

Jusqu'à Agony-Pau, le sentier, assez accidenté, est bien entretenu ; il passe à Aguigadji, village de 200 habitants, bâti sur une bande de sable, entre deux bras de l'Ouémé.

A Collégo, on franchit le fleuve à gué à la saison sèche, et on chemine sur la rive droite de l'Ouémé jusqu'à 3 kilomètres environ d'Agony, où on trouve de nouveau le fleuve.

Le sentier suit de près la rive, le pays est accidenté, le chemin traverse un grand nombre de ravins et l'on rencontre d'énormes amoncellements rocheux. Après le mont Vésouvé, le sentier s'éloigne pendant quelques kilomètres du bord de la rivière qu'il rejoint près de Sahou ; un peu après, il franchit l'Ocpa et atteint le village du même nom.

A partir de ce point, le chemin s'écarte brusquement de l'Ouémé et monte insensiblement à travers la brousse brûlée. Plus on approche de Savé, plus les affleurements rocheux augmentent. On aperçoit de très loin les montagnes de Savé, parmi lesquelles le mont Nachabé se reconnaît à la régularité de sa forme hémisphérique. A l'est, on domine la vallée de l'Ocpa et à l'ouest celle de l'Ouémé. Après avoir traversé une série de collines, le chemin devient rocailleux, et atteint le village de Savé, bâti au pied du mont Kénéi.

APPENDICE N° 1.

ROYAUME D'ALLADA.

TRAITÉ DU 4 FÉVRIER 1894.

Au nom de la République française,

Entre le général de brigade Dodds, commandant supérieur des Établissements français du Benin, grand officier de la Légion d'honneur, d'une part ;

Et Gi-Gla-No-Pon-Gebé-Nou-Maou, roi d'Allada, d'autre part, a été conclu le traité suivant :

Article 1er. — Le Gouvernement de la République française, pour donner satisfaction aux vœux unanimes et réitérés des cabécères, chefs et populations du bas Dahomey, reconnaît la reconstitution de l'ancien royaume d'Ardres en un État indépendant, sous le nom de royaume d'Allada.

Le royaume d'Allada a pour limites :

Au nord, la frontière du royaume d'Abomey (ligne brisée passant par les villages de Tandji, Dassa, Kissa, Aévedji, Hallagba, Lomé, Massi, Han, Aouangitomé (qui appartiennent au royaume d'Abomey) ;

A l'ouest, le Couflo et l'Ahémé ;

Au sud, le territoire annexé ;

A l'est, l'Ouémé, d'Aouangitomé à Dogba, l'Ouavimé jusqu'à son confluent avec la rivière de Sô, enfin cette rivière jusqu'à la limite des territoires annexés.

Art. 2. — Le Gouvernement de la République française reconnaît comme roi d'Allada le prince Ganhou-Hougnon, élu par les cabécères, chefs et habitants, et qui prend à son avènement le nom de « Gi-Gla-No-Pon-Gebé-Nou-Maou ».

Art. 3. — Le roi, les cabécères et les chefs d'Allada se placent sous le protectorat et la suzeraineté de la France.

Le gouverneur des établissements français du Benin est chargé de l'exercice du protectorat et peut être représenté par un délégué résidant, soit à Allada, soit à Ouïdah.

Art. 4. — Les successeurs du roi d'Allada seront élus par les cabécères et chefs réunis en assemblée générale à Allada et agréés par le Gouvernement de la République française.

Art. 5. — Le roi exerce son autorité et administre le pays d'après les lois et usages en vigueur ; toutefois, la traite des esclaves et les sacrifices humains sont interdits.

Art. 6. — En aucune circonstance, et sous quelque prétexte que ce soit, le roi ne pourra faire acte d'autorité sur les étrangers, Européens ou indigènes de passage, ou en résidence dans le pays. Toute contestation entre un habitant du royaume d'Allada et un étranger européen ou indigène sera soumise aux autorités françaises.

Art. 7. — Les droits et les impôts établis dans le pays par le roi sont soumis à l'approbation du gouverneur des établissements français du Benin, chargé de l'exercice du protectorat.

Toutefois, aucun droit ni coutume ne peut être exigé des commerçants qui viendront s'établir dans le royaume d'Allada avec l'autorisation du Gouvernement français.

Art. 8. — La libre circulation sera assurée sur les routes pour tous les produits ou marchandises à destination ou en provenance des comptoirs français, ainsi qu'à tous les commerçants ou voyageurs protégés par la France qui voudront traverser le royaume d'Allada.

Le roi et les chefs s'engagent à leur donner aide et protection en toute circonstance.

Art. 9. — Les habitants du royaume d'Allada pourront circuler librement dans tous les pays administrés directement ou protégés par la France, y faire séjour et s'y livrer à des opérations de commerce. Ils recevront aide et protection conformément aux lois en vigueur.

Art. 10. — Le roi ne pourra entreprendre aucune opération de guerre sans l'autorisation du Gouvernement français. Toute contestation entre le royaume d'Allada et les États de protectorat limitrophes sera réglée par le gouverneur des établissements français du Benin.

Art. 11. — Aucune concession de terre ne pourra être accordée dans le royaume d'Allada sans l'autorisation du Gouvernement français.

Art. 12. — Le roi garantit le respect de la propriété ainsi que la sécurité des biens et des personnes.

Art. 13. — La France aura le droit de faire des établissements de toute nature, d'exécuter tous travaux d'utilité publique, lignes télégraphiques, voies de communication (chemins de fer, routes, canaux).

Art. 14. — Des écoles françaises pourront être ouvertes dans tous les centres de population. Le roi en favorisera l'établissement et usera de son influence pour propager la langue française et répandre l'instruction dans le pays.

Art. 15. — Tous les traités conclus par les rois du Dahomey, anciens possesseurs du pays, sont annulés.

Art. 16. — Le présent traité, fait en triple expédition, ne deviendra définitif qu'après l'approbation du Gouvernement de la République française.

Fait à Allada, le quatre février mil huit cent quatre-vingt-quatorze.

(Suivent les signatures.)

APPENDICE N° 2.

ROYAUME D'ABOMEY.

TRAITÉ DU 29 JANVIER 1894.

Au nom de la République française,

Entre le général de brigade Dodds, commandant supérieur des établissements français du Benin, grand officier de la Légion d'honneur, d'une part ;

Et Agoli-Agbo, roi d'Abomey, d'autre part, a été conclu le traité suivant :

Article 1ᵉʳ. — Le roi et les habitants du royaume d'Abomey se placent sous le protectorat et la suzeraineté de la France.

Art. 2. — Le gouverneur des établissements français du Benin est chargé de l'exercice du protectorat. Il est représenté à Abomey par un délégué qui prend le titre de vice-résident.

Art. 3. — Le royaume d'Abomey a pour limites :

Au nord, le petit Couffo, le Zou, le Paco, le village et les terrains de culture de Gounsoué qui dépendent de ce royaume ;

A l'est, l'Ouémé ;

Au sud, une ligne brisée passant par les villages de Tandji, Dassa, Kissa, Aiwedji, Alagba, Lomé, Massi, Han, Aouangitomé, tous ces villages faisant partie, ainsi que leur territoire, du royaume d'Abomey ;

A l'ouest, le Couffo.

Toutefois, les villages dahoméens de Lahomé, Tocamé, Aouleta, Aglali, Arobia, Dadji, Azangbé, Adjasagon, Zali, Acocojia, Bota, situés sur la rive droite, restent dépendants du royaume d'Abomey. Le cours de l'Ouémé et celui du Couffo demeurent neutres dans toute leur étendue.

Art. 4. — Le roi d'Abomey renonce, en son nom et au nom de ses successeurs, à toutes prétentions sur les territoires situés en dehors des limites définies par l'article précédent.

Art. 5. — La désignation des futurs rois d'Abomey sera faite conformément aux usages en vigueur dans ce pays et soumise à l'approbation du Gouvernement de la République française.

Art. 6. — Le roi exerce son autorité sur ses sujets d'après les lois et usages du pays ; toutefois, il s'engage à interdire le commerce des esclaves et à abolir toutes pratiques ou coutumes ayant pour résultat des sacrifices humains.

Art. 7. — En aucune circonstance, et sous quelque prétexte que ce soit, le roi ne pourra faire acte d'autorité sur les étrangers européens ou indigènes de passage ou en résidence dans le pays.

Toute contestation entre un habitant du royaume d'Abomey et un étranger européen ou indigène sera soumise au vice-résident de France à Abomey, sauf appel devant le gouverneur des établissements français du Bénin.

Art. 8. — Le commerce se fera librement. Le roi s'engage à tenir ouvertes toutes les routes entre son pays et les régions voisines, à prendre toutes les mesures nécessaires pour favoriser l'exportation des produits et le développement des cultures.

Il n'exigera aucun droit ni coutume de la part des commerçants qui viendront s'établir dans son pays avec l'autorisation du Gouvernement français.

Art. 9. — En retour, les habitants du royaume d'Abomey pourront circuler librement dans tous les pays administrés directement ou protégés, y faire séjour et s'y livrer à des opérations de commerce. Ils recevront aide et protection des autorités françaises, conformément aux lois en vigueur.

Art. 10. — Le roi ne pourra entreprendre aucune opération de guerre sans l'autorisation du Gouvernement français.

Art. 11. — Aucune concession de terre ne pourra être accordée dans le royaume d'Abomey sans l'autorisation du Gouvernement français.

Art. 12. — La France aura le droit de faire des établissements de toute nature, d'exécuter tous travaux d'utilité publique, lignes télégraphiques, voies de communication (routes, canaux, chemins de fer).

Art. 13. — Le roi garantit le respect de la propriété, ainsi que la sécurité des biens et des personnes.

Art. 14. — Des écoles françaises pourront être ouvertes dans tous les centres de population ; le roi en favorisera l'établissement et usera de son influence pour propager la langue française et répandre l'instruction dans le pays.

L'école d'Abomey sera fréquentée par les enfants de la famille royale.

Art. 15. — Tous les traités antérieurs conclus avec ou par les rois du Dahomey sont annulés.

Art. 16. — Le présent traité, fait en triple expédition, ne deviendra définitif qu'après l'approbation du Gouvernement de la République française.

Fait à Abomey, le vingt-neuf janvier mil huit cent quatre-vingt-quatorze.

(Suivent les signatures.)

APPENDICE N° 3.

TRAITÉ AVEC LA CONFÉDÉRATION DES MAHIS DE SAVALOU.

Au nom de la République française,

Entre le général de brigade Dodds, commandant supérieur des établissements français du Bénin, grand officier de la Légion d'honneur, représenté par M. Pentel (Horace), capitaine d'infanterie de marine de l'état-major du corps expéditionnaire du Dahomey ;

Et Bagnidi, roi de la confédération des Mahis de Savalou, a été conclu le traité suivant :

Article 1er. — Le roi et les habitants de la confédération des Mahis de Savalou, heureux d'avoir reconquis leur indépendance, se placent sous le protectorat et la suzeraineté de la France, leur libératrice.

Art. 2. — La confédération des Mahis de Savalou sera gouvernée d'après les mœurs et coutumes du pays, dont les institutions seront respectées.

Art. 3. — Les habitants du pays de Savalou s'engagent à tenir ouvertes toutes les routes conduisant au nord et au sud, à laisser librement circuler les voyageurs et commerçants et, en général, tous ceux qui désireront traverser leur pays pour aller faire le commerce dans les territoires soumis directement à l'autorité de la France ou protégés par elle.

Art. 4. — Les commerçants et traitants français, ou protégés par la France, pourront s'établir librement dans le pays pour y fonder des comptoirs ou établissements après autorisation du Gouvernement français. Le roi et les chefs s'engagent à favoriser de tout leur pouvoir les Français ou protégés de la France.

Art. 5. — Nul ne peut s'établir dans le pays de Savalou pour y entreprendre des travaux d'utilité publique, une exploitation agricole ou minière, sans l'autorisation du Gouvernement français.

Art. 6. — Le roi et les chefs s'engagent à faciliter, notamment par des concessions de terrain, l'établissement de postes, routes, chemins de fer, canaux, lignes télégraphiques et voies de communication de toute nature si la France en juge utile la construction.

Art. 7. — Les habitants du pays de Savalou auront les routes ouvertes dans toute l'étendue du territoire français et des pays protégés par la France. Ils seront protégés par les représentants de l'autorité française lorsqu'ils voudront se rendre ou transporter leurs marchandises dans les possessions françaises du littoral.

Art. 8. — Toutes contestations entre les habitants de Savalou et les pays circonvoisins ou les indigènes originaires des régions directement administrées par la France seront jugées par le résident de France à Abomey, chargé de l'exercice du protectorat, avec appel au chef de la colonie du Bénin.

Art. 9. — Le roi et les peuples de la confédération des Mahis de Savalou s'engagent à ne jamais faire la guerre à leurs voisins et à ne pas laisser traverser leur territoire par des troupes de guerriers armés sans en avoir reçu l'autorisation du chef de la colonie.

Art. 10 et dernier. — Le présent traité, fait en quadruple expédition et provisoirement exécutoire, aura son effet plein et entier dès que le Gouvernement français aura donné avis de sa ratification.

Fait à Savalou, le trente janvier mil huit cent quatre-vingt-quatorze.

(*Suivent les signatures.*)